隱性歧視

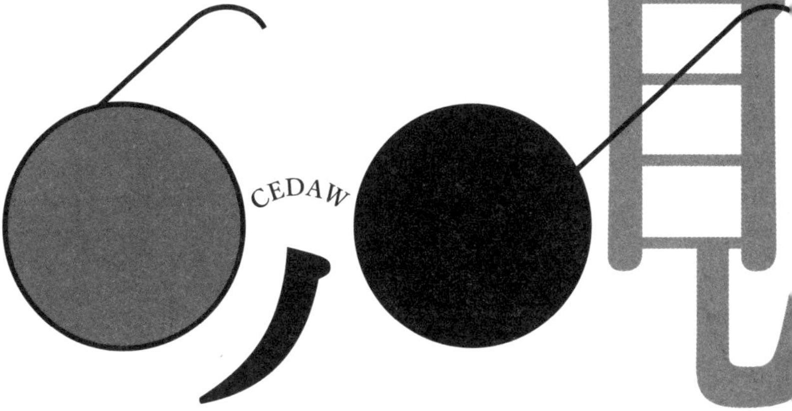

法律白話文運動　著

目　次

序論：人權史中的性別平等

這是一本關於性別平等的書。

本書由十六個章節和後記組成，十六個章節分別對應《消除對婦女一切形式歧視公約》（Convention on the Elimination of All Forms of Discrimination Against Women，簡稱CEDAW）第一條至第十六條對於性別平等的保護，後記則收錄了八篇訪談記錄，來自台灣八位致力於性別平等的工作者，她們領域各異，從不同的角度分享自己的故事。

而在這篇序論裡，請讓我們從人權史談起——透過從國際到台灣的視角，一窺《消除對婦女一切形式歧視公約》為什麼重要，以及為什麼我們想要寫一本這樣的書，開啟更多的對話。

聯合國的基本原則之一是保障女人的平等權利。《聯合國憲章》序言將「對基本人權、個人尊嚴與價值，以及男女平等權利的信念」列為核心目標之一，作為首份具體提到人權及男女平等權利的國際文件，《聯合國憲章》要求所有國家把實現性別平等當作國際法下的義務。

國際人權憲章（International Bill of Human Rights）進一步強化了對女權的重視。《世界人權宣言》（Universal Declaration of Human Rights）宣布人人生而自由且平等，所有權利不因性別等原因而有差異，而一九六六年的《經濟社會文化權利國際公約》和《公民與政治權利國際公約》再次強調男女享有平等的權利。

然而，僅憑女性作為人類的一部分，不足以保證她們基本人權，或出於各種歷史與社會文化等原因，即使擁有權利也難以行使和落實，因此自一九四六年成立以來，聯合國婦女地位委員會（Commission on the Status of Women，簡稱CSW）即專注於從女人的視角與經驗來辨識、檢討並建議改進各種歧視狀況。

CSW也促成了許多公私領域中保護和促進女權的法律文書，比如一九五三年通過的《婦女參政權公約》（Convention on the Political Rights of Women）、一九五七年通過的《已婚婦女國籍公約》（Convention on the Nationality of Married Women）、一九六二年通過《婚姻同意、結婚最低年齡及婚姻登記公約》（Convention on Consent to Marriage, Minimum *Age* for Marriage, and Registration of Marriages）等。

儘管這些文書顯示聯合國在保護女權上日益成熟，但方法與措施皆零碎，未能全面地處理婦女歧視問題。隨著一九六〇年代婦女權利倡議與社會運動遍地開花、全球串連，聯合國大會於一九六三年請求CSW起草一份綜合性文件，並在一九六七年通過《消除對婦女歧視宣言》（Declaration on the Elimination of Discrimination Against Women）。

一九七二年，CSW決定起草一個具有約束力的國際條約，爾後於一九七九年，成功推動聯合國大會通過《消除對婦女一切形式歧視公約》，納入上述所有性別平等的規範與原則。一九八一年公約生效，標誌了國際婦女人權保障的里程碑。

除了性別正義的面向外，《消除對婦女一切形式歧視公約》還具有重大歷史意義。冷戰時期，美蘇兩大陣營間存在高度緊張的地緣政治對抗，除了《世界人權宣言》的權利清單因意識形態差異而被硬生生拆成兩公約外，許多建構人權體制的藍圖大抵停滯了十幾年，各國公民社會才終於又等到《消除對婦女一切形式歧視公約》的通過與生效。

《消除對婦女一切形式歧視公約》文本也彰顯了當時女權議題的普遍性和跨國界關注，兼顧了公民、政治、經濟，社會與文化等所有面向的權利（包括參與公共事務的權利、加入國際組織的權利、國籍權、教育權、就業權、農村婦女權、健康權、社會與經濟權、以及婚姻與家庭權等）。無論對資本主義或共產主義國家來說，確保性別平等皆不會威脅國家政治結構，難得地成為兩者間少見的共識。

誠然，聯合國文官系統也扮演了關鍵角色，給予相關議題足夠關注與資源，比如一九七五年在墨西哥城舉行了首屆世界婦女大會。後來《消除對婦女一切形式歧視公約》更被譽為「婦女人權法典」，確保男女在公私領域、所有權利上享有平等的地位，要求締約國採取立法及其他適當措施，以消除對婦女的一切形式歧視並促進實質平等，而不能滿足於形式上齊頭式但實際上「性別盲」的平等。

也就是說，公約中明確定義了「對婦女的歧視」，包括基於性別的任何區別、排斥或限制，這些行為的結果或目的，可能會妨礙或否認女人在平等基礎上享有的各種人權和基本自由。公約不僅要求消除表面的歧視，還強調實質上的平等，確保女人在各個領域中的公平參與和受益。

隨著時間的推移，二〇〇四年，台灣的婦女團體（包括婦女團體全國聯合會、婦女新知、勵馨基金會、基督教女青年會協會）與性別研究專家學者共同發起倡議，呼籲政府參考《消除對婦女一切形式歧視公約》落實性別平權，並成立「民間推動台灣落實CEDAW聯盟」監督相關工作。同時，陳瑤華與張珏教授也分別透過行政院人權保障推動小組及行政院婦女權益促進委員會，從制度內部協力推動《消除對婦女一切形式歧視公約》。

二〇〇五年五月，行政院人權保障推動小組決定由外交部、內政部等部會共同促進《消除對婦女一切形式歧視公約》實施。行政院於二〇〇六年七月八日將《消除對婦女一切形式歧視公約》提交立法院審議。二〇〇七年一月五日，立法院通過了「台灣加入聯合國CEDAW公約案」，並於同年二月九日獲得總統批准。總統委託諾魯共和國向聯合國祕書長提交加入書，遭到拒絕。

二〇〇八年，行政院婦女權益促進委員會決議由外交部建立《消除對婦女一切形式歧視公約》統籌執行機制，婦女權益促進發展基金會（婦權基金會）負責撰寫國家報告。二〇〇九年三月二七日，台灣首次提交《消除對婦女一切形式歧視公約》落實狀況的國家報告，並邀請國際專家來審議。為明確公約在國內法的效力，行政院於二〇一〇年提出《消除對婦女一切形式歧視公約施行法》草案，最終於二〇一一年五月二十日通過，並於二〇一二年一月一日正式生效。

此一立法進程象徵我國在性別人權上重大的一步。施行法生效後，行政院成立了性別平等處，專責推動《消除對婦女一切形式歧視公約》的執行與報告機制，要求各級政府定期提出國家報告，進一步促進性別平等及婦女權益之保障。婦權基金會也轉而培力不同規模層級、關注多元議題的非政府組織，提供撰寫影子與平行報告的教育訓練，也支持婦權與性別團體參與性別平等的國際倡議與聯合國相關會議。

根據施行法，政府每四年應提出國家報告，從第二次審查開始才有了明確的法律依據。立法時的附帶決議也要求應邀請聯合國或公約締約國專家學者審閱報告，而政府應依審閱後之結論性意見，完成後續的追蹤監督。彼時，透過「推動性別主流化專案會議」，二〇〇五年開始性別主流化（gender mainstreaming）的工作與策略也更全面地深入到各級機關的任務、審議過程與工作內容中。

至此，《消除對婦女一切形式歧視公約》於國內生效是台灣社會肯認性別平等的重大時刻，接軌我國性別人權的狀況與國際人權的標準，寄望於公約的遵守與落實能帶來實質的性別正義。這也是我們想編輯這本書的願景：在台灣，關於性別平等的倡議、資訊、書籍和講座不勝枚舉，但我們還是希望用這本小書，透過一則則小故事來逐條介紹這些人權規定，進一步拉近法律制度與日常生活之間的距離。

最後要感謝這本書後記裡的每位參與者，她們用自己的生命故事和一路以來的倡議和服務經驗，帶著我們探索性別平等工作的不同面向與關懷——包括性別平等教育與全面性教育如何回應當代台灣社會內部的挑戰；多元性別權利的保障如何能深化民主對抗外在的威脅；月經平權的行動如何串連台灣與世界；保守的宗教場域中如何打開性別正義的討論。

透過她們的視野，我們也得以看見不利處境婦女的能動性，理解性別友善空間的重要性，直面歧視議題的「交織性」（intersectionality），比如女性移工、新住民和障礙者、原住民同志、跨性別性工作者，以及她們無法化約的處境。後記的作者們也提醒我們自我照顧與呼朋引伴的必要性，才能走得遠而不孤獨，因此這本書也獻給社運路上所有的前輩與戰友們，希望我們終將看見平等的台灣。

李柏翰
陳冠瑋
二〇二四年九月

第一章：身體還是社會觀念，婦女該如何界定？ 定義「對婦女的歧視」

在本公約中，「對婦女的歧視」一詞指基於性別而作的任何區別、排斥或限制，其影響或其目的均足以妨礙或否認婦女不論已婚未婚在男女平等的基礎上認識、享有或行使在政治、經濟、社會、文化、公民或任何其他方面的人權和基本自由。

讓我們先以想像的方式，走進《消除對婦女一切形式歧視公約》（Convention on the Elimination of all Forms of Discrimination Against Women，CEDAW）所關注的世界。在這個世界裡，性別對於女性的生活帶來了各種挑戰。

首先，讓我們想像一下女性在成長與求學過程中所面臨的限制。即使沒有明文的法律或政策禁止，社會對女性的期望往往將她們侷限在傳統的家庭角色中，可能灌輸她們「女孩不需要太努力唸書」或「女性不宜涉足男性領域」的觀念，或是在家庭中就獲得較少的教育資源分配。這樣的觀念與作為可能會限制女性追求更廣的學術或職業目標的可能性。

在工作場所，儘管我們生活在一個強調平等的時代，但是同工不同酬、升遷受限，以及職場性別歧視的情況仍然存在。許多女性可能會遭遇到所謂的「玻璃天花板」，無法實現她們的職業抱負。對於已婚或有子女的女性來說，她們可能需要面對兼顧家庭和職業的挑戰，比起男性，她們更容易被社會暗示應該放棄工作、照顧家庭。重返職場或在事業中有所作為，往往需要克服諸多障礙。在一些行業中，女性可能會面臨著資源不足的情況。這不僅表現在工作機會上的不公平，還體現在整個環境中暗示著「女性不適合這裡」的態度。

在法律和政策層面，我們也可以輕易舉出一些對女性不利的制度，雖然台灣已經漸漸革除但仍然存在，比如婚後冠夫姓、妻以丈夫之住所為住所、子女預設姓氏是父親的姓等。

而更一般性的，女性在日常生活可能遭遇的性騷擾、家庭暴力、網路性別暴力、物化，或是在傳統習俗中遭到排除等經驗，對台灣人而言也毫不陌生。

最後，讓我們想像一下女性在健康方面所面臨的挑戰。女性健康需求往往被忽視，醫療資源投入的關注比起影響的範圍在比例上顯然有所不足，特定健康問題，比如COVID-19的病毒或疫苗對月經的影響，可能未得到足夠的關注和研究。

這個世界，是《消除對婦女一切形式歧視公約》關注的世界，也是你我依然身處的世界。

什麼是《消除對婦女一切形式歧視公約》（CEDAW）

一九七九年十二月十八日，聯合國大會通過《消除對婦女一切形式歧視公約》，這部公約於一九八一年九月三日起生效，目的在確保婦女在各方面的權利。簽署公約的成員國，須承諾履行一系列的措施，以終止對婦女一切形式的歧視，目前共有一百八十九個國家（State）簽署。

有鑒於保障婦女權利的國際人權主流價值，台灣雖非聯合國會員國，仍於二〇〇七年透過國內的立法程序批准了《消除對婦女一切形式歧視公約》，並且在二〇一二年一月一日起公布施行《消除對婦女一切形式歧視公約施行法》，明訂公約在台灣已經具備國內法的效力，要求各級政府機關必須採取相關立法或行政措施，並且每四年定期提出國家報告[1]。這部公約的推動可視為朝向女男平等努力的重要里程碑。

《消除對婦女一切形式歧視公約》共有三十條，第一條至第十六條聚焦在定義歧視及婦女的權利，是本書的所討論的範圍，包含參與政治及公共事務權、參與國際組織權、國籍權、教育權、就業權、農村婦女權、健康權、社會及經濟權、法律權、婚姻及家庭權等。而第十七條至第二十二條規範了消除對婦女歧視委員會的組成和程序，以及締約國的義務形式，第二十三條至第三十條則是處理公約與其他公約的影響、締約國的批准與保留等行政事項。

值得注意的是，負責監督公約的消除對婦女歧視委員會有義務定期舉行會議，以確保公約中所規定的標準被遵守。該委員會也會發布一般性建議，透過這些建議，闡明對公約內容的理解，並確保公約的適用在實際和程序上與時俱進。在對公約進行解釋時，這些一般性建議扮演著非常重要的角色，它們拓展並明確化公約適用的範圍，同時也將性別歧視與其他因素，如種族、宗教、年齡、性傾向等，進行交織性的思考和理解。例如原住民、新住民婦女、移工婦女、或身心障礙婦女在台灣的處境，便非常需要獲得關注。

誰是婦女？什麼是歧視？

《消除對婦女一切形式歧視公約》在第一條便開宗明義地定義何謂「對婦女的歧視」。這條條文指出，對婦女的歧視是「基於性別」而進行的任何形式的區別、排斥、或限制。這些區別、排斥或限制可能「直接或間接」地「影響」婦女的權利

1 參考本書序論。

和自由，並可能是以妨礙或否認婦女享有在政治、經濟、社會、文化、公民等各方面的權利與自由為目的。

不過，這裡的「婦女（women）」究竟指涉什麼？公約其實並沒有明確的定義。一些主張認為，這裡的婦女應該綜合地包含各種不同意義下的範圍，如生物學、解剖學、遺傳、性傾向與認同等任何組合，誠如美國聯邦的反歧視法所指的性別不限於生理性別，而歐洲人權法院也駁回了對結婚權條款「只依據純粹的生物學標準確定性別」的論點[2]。

在第三十二號一般性建議的第六段提及，基於生理性別和／或社會性別（如種族、女同性戀、雙性戀或跨性別者及其他身分）對婦女的歧視往往因這些因而變得更加嚴重，締約國必須在法律上認定這些交織性與不利影響。換句話說，「婦女」一詞可以包括生理性別與社會性別的定義組合。

那麼，究竟什麼是《消除對婦女一切形式歧視公約》指涉的歧視呢？首先，這些區別、排斥或限制可能是任何形式——關鍵是基於性別。在保護不足的狀況，也可能構成歧視。例如懷孕的女學生難以在制度下完成課業，雖然沒有規定逼她選擇放棄，但評估整體狀況後，可能最終不得不放棄學業。這樣的例子屢見不鮮，欠缺支持的制度條件，也是對女性權利的一種貶損。

另一方面，從公約定義來看，歧視的行為者不一定是國家、政府，公約關心的歧視，涵蓋範圍也包括私人與公共生活中的情形，也就是說，締約國應該為這些私人行為採取行動。具體而言，公約所涉及的歧視不僅僅是來自法律上的不平等，如規定男性有優先繼承權的國家制度，也包括了來自公共生活、職場、學校、家庭等各種情況，比如女性候選人在競選中可能會遭受來自對手的攻擊，這些攻擊可能是基於她們的婚姻狀況或外貌，例如被指控「未婚」或「不男不女」等。

另一個常見的例子是，在企業面試中，女性可能因為「計畫近期結婚生子」而被拒絕錄用。甚至在技職學校中，也可能存在以性別為分科依據，強制男性學習機械，女性學習美容等限制選擇的情況。這些例子也會落在公約關照的範圍中，這種廣度強調了保護婦女免受各種形式的性別歧視的重要性。

2 Goodwin v. United Kingdom, 2002-VI Eur. Ct. H.R. 1, 29.

公約所指的歧視並不需要證明「歧視意圖」，只要產生歧視性的效果和影響，就足以構成歧視。因此，許多表面中立的政策，實際上卻造成女性不利的狀況，就可能落入公約所關注的範圍，例如參與歷來僅有男性幹部的農會組織選舉，雖然沒有限制女性不能參加，但從來沒有女性當選過。這顯示出即便制度並沒有歧視的意圖，但女性仍然面臨著來自制度和社會結構的壓迫。

最後，公約涉及的權利和自由可能是各方面的，包括政治、經濟、社會、文化、公民等所有層面。《消除對婦女一切形式歧視公約》希望給予女性全面而完整的支持，其不僅是一份文件，更是對每一個人尊嚴和價值的堅定捍衛。

思辨與問答

- 在台灣的傳統觀念與習俗中，例如年節、婚喪喜慶等，你是否觀察到了什麼基於性別所產生的區別對待，對女性產生了負面的影響？或者有親身的經驗？請分享這些觀察與經驗。你認為國家應該積極介入調整這樣的狀況嗎？為什麼？
- 近年來「厭女」一詞蔚為風潮，有人說現在台灣已經很平等了、也有人說保護女性就是歧視男性。你認為在這樣的背景下，《消除對婦女一切形式歧視公約》對當代的台灣可能發揮什麼樣的功能？

第二章：推動平等的第一步　消除性別歧視與性別暴力

締約各國譴責對婦女一切形式的歧視，協議立即用一切適當辦法，推行消除對婦女歧視的政策。為此目的，確保：

(a) 男女平等的原則如尚未列入本國憲法或其他有關法律者，應將其列入，並以法律或其他適當方法，保證實現這項原則；

(b) 採取適當立法和其他措施，包括在適當情況下實行制裁，以禁止對婦女的一切歧視；

(c) 為婦女確立與男子平等權利的法律保護，通過各國的主管法庭及其他公共機構，保證切實保護婦女不受任何歧視；

(d) 不採取任何歧視婦女的行為或作法，並保證政府當局和公共機構的行動都不違背這項義務；

(e) 採取一切適當措施，消除任何個人、組織或企業對婦女的歧視；

(f) 採取一切適當措施，包括制定法律，以修改或廢除構成對婦女歧視的現行法律、規章、習俗和慣例；

(g) 廢止本國刑法內構成對婦女歧視的一切規定。

《消除對婦女一切形式歧視公約》（CEDAW）第二條強調了締約國對於消除婦女一切形式歧視的承諾，並且列出了一系列相對應的措施，包括積極採取措施推進平等的實現、禁止並消除既有的歧視、廢止歧視性的刑法，並且透過公共機構落實，公共機構不得採取歧視性的作法，更要採取一切措施消除私人之間對婦女的歧視。

具體而言，公約第二條的要求，首先是關於憲法的保護。我國《憲法》第七條保障平等，包括「男女」之間的平等，《憲法增修條文》第十條中也指出國家應維護婦女之人格尊嚴，保障婦女之人身安全，消除性別歧視，促進兩性地位之實質平等。我們可以說，在台灣，憲法確實對公約關照的平等有所關注。

除了在國家的根本大法中做保證與規定，公約也強調締約國應採取各式各樣的手段來促進公約目標的達成。那麼究竟可以有哪些手段呢？實則非常多元。

舉例而言，台灣多個婦女團體曾經提出六大政策建請政府考慮，包括「受暴婦女——充權自信尊嚴扶助經濟自主、未成年小媽媽——破除刻板歧視爭取社會友善、障礙婦女——無障礙醫療與友善環境、中高齡婦女——廣設照顧者社區支持系統、新住民女性——落實平等平權及促進就業、單親女性——積極開展社區家事諮詢服務。」這六大政策顯現出了政府可能採取的措施範圍相當廣泛。

讓我們以新住民婦女相關措施為例說明。立法院法制局的研究曾經指出，許多新住民家庭面臨多重困境，包括婦女的文化差異、宗教信仰、生活習慣等因素，進而導致生活適應上的困難。這些困難不僅僅體現在婆媳相處、子女教養、經濟需求、優生保健、就業權益等方面，還包括家庭暴力等問題。由於缺乏足夠的社會資源與支持，新住民婦女及其家庭往往處於社會的弱勢地位。

為了解決這些問題，政府應強化社區支援體系，建立全面的社區關懷網絡。這不僅需要加強專業社工或輔導人力的介入，更需要深入到基層社區，提供全方位的支援與服務。政府也應積極推動生活適應輔導、醫療保健、就業權益保障、教育文化提升、家庭暴力防治等工作，並制定相關法律，以保障新住民婦女及其家庭的權益。

此外，政府各相關部門和地方政府也應當協調合作，共同推動新住民婦女的社會融入和發展。政府需要提供更多的培訓、教育資源，幫助新住民婦女提升自身技能和社會地位。同時，宜加強宣傳教育，提升社會對新住民婦女權益的關注度，促進社會各界的共同參與和支持[1]。這些，都落在《消除對婦女一切形式歧視公約》第二條要求締約國所做的「一切適當方法」之範圍內。

值得注意的是，除了性別歧視以外，性別暴力也是締約國應消滅的重點。第十二號一般性建議中提及，締約國應採取行動消滅性暴力、家庭內的虐待、工作地點的性騷擾等，繼而於第十九號一般性建議進一步明確提及，公約指涉的歧視形式包括基於性別的暴力，即針對婦女的性別施加暴力或不成比例影響婦女的暴力。包括身體、心理或性的傷害或痛苦、威脅等。締約國應該確保有關性別暴力、性侵害、性攻擊的法律得以充分保護所有婦女，且應向受害者提供適當的支援，司法與相關公務人員也應進行具有性別敏感度的培訓。因此，性騷擾、性侵害、家內的性別暴力等，也都是公約關照的對象。

二〇二三年台灣爆發#MeToo浪潮，當性騷擾、性暴力發生時，許多受害者選擇隱忍，選擇「算了」，是因為考慮到說出來不僅效果有限、有時難以取信於人、程序需要反覆說明的痛苦也常令人不敢恭維，而面對各種「開開玩笑不要這麼敏感」、「你有證據嗎？」的回應，除了內心挫折，「吃案文化」更沒有辦法確保申訴者可以得到合理的結果，甚至還會影響自己的職涯與家庭。

隨著這波#MeToo浪潮呈現了社會各個角落層出不窮的性別問題，行政院隨後提出性平三法的修法草案：《性別平等教育法》、《性別平等工作法》與《性騷擾防治法》，並火速經立法院三讀、總統公告。映照《消除對婦女一切形式歧視公

1 翁栢萱，〈如何落實六大婦女平權政策之探討〉，立法院法制局議題研析，二〇二一年六月。

約》的要求，這三部法律在台灣標誌著對歧視的譴責和對平等的推動。它們被視為促進性別平等的重要措施，也是我們進一步了解當前台灣性別平等推動與保護狀況的重要基石。

性平三法新章：《性別平等工作法》、《性別平等教育法》與《性騷擾防治法》

台灣的性平三法是二〇〇〇年代以後才陸續上路的法律。職場情形以二〇〇二年婦女節起施行的《性別平等工作法》規定，校園的狀況適用二〇〇四年制定公布施行的《性別平等教育法》，其他則以二〇〇六年施行之《性騷擾防治法》囊括。

《性別平等工作法》在二〇二三年修正更名為《性別平等工作法》，這部法律是為了保障工作權之性別平等，貫徹憲法消除性別歧視、促進性別地位實質平等之精神而制定，其中包括對婦女就業的資源投注要求，並要求雇主對求職者或受僱者之行為，不得因性別或性傾向而有差別待遇、性騷擾之防治、亦規定有促進工作平等之措施，例如生理假、產假、產檢假、陪產假、育嬰留職停薪等。

《性別平等教育法》的立法目的則是促進性別地位之實質平等，消除性別歧視，維護人格尊嚴，厚植並建立性別平等之教育資源與環境。其中規定，學校不僅不得因學生之性別、性別特質、性別認同或性傾向而給予教學、活動、評量、獎懲、福利及服務上之差別待遇，更應該積極地對因性別、性別特質、性別認同或性傾向而處於不利處境之學生積極提供協助，以改善其處境。

前兩部法律都包含性騷擾發生時的處理程序規定，而《性騷擾防治法》的制定目的，則包括補足前兩部法律的不足，以全面防治性騷擾，保護各場所的被害人。過去經常發生三部法律皆漏接或不同調的情形，二〇二三年三部法律的修正，則針對過去的不足，希望進一步完善性別平等的保障。

性平三法的新修正中，除了調高罰則、加重處罰，以適用範圍的調整而言，過去《性別平等教育法》的適用範圍限於教育部管轄的學校，但如少年矯正學校由法務部管轄，發生在其中的性騷擾案件便沒有辦法處理。二〇二三年的修法，則明確地將軍事學校、預備學校、警察各級學校及少年矯正學校都納入《性別平等教育法》處理的性騷擾範疇。

而《性別平等工作法》將適用範圍擴大，原本限於受僱者執行職務時發生的性騷擾，新法也包括了「非工作時間」遭職場人士（同事、業務往來者、雇主）的性騷擾。這種擴大解決了原本加害人同一行為發生在上班時要用《性別平等工作法》處置、下班後卻要用《性騷擾防治法》的程序處理問題，避免兩種程序得出不同的法律效果。而發生在學校與職場關係以外的性騷擾，則皆以《性騷擾防治法》處理。

再以申訴機制而言，新版的《性別平等工作法》規定職場性騷擾的受害者對雇主的處理不服時，可以向勞工局申訴，由勞工局調查並要求雇主為必要之處置，且性騷擾行為人為雇主時，受害人可以直接向勞工局申訴，這種外部申訴機制的確立，使過去職場性騷擾處理一律仰賴公司自治的情況得到緩解。

新法也強化了性騷擾被害人的保護機制。政府應主動提供被害人諮詢、心理輔導、法律協助等資源，並編列預算支持。新規定也允許公司在調查期間停職或調職加害人，以防止其干涉調查，且被害人可要求調整職務或工作型態，雇主不得拒絕。而立法院亦通過附帶決議，要求公司在懲處行為人時，必須讓被害人陳述意見。

從性平三法的調整來看，政府的作為雖然反映了《消除對婦女一切形式歧視公約》譴責一切形式歧視、呼應了公約對採用適當方法消除歧視的要求，但能如何發揮效果、進一步邁向消除性別歧視與暴力的社會，需要持續關注。

人工流產除罪化與配偶同意權爭議

另一個與公約第二條密切相關的「重大戰場」圍繞著人工流產。本條(f)項要求國家採取一切適當措施，包括制定法律，以修改或廢除構成對婦女歧視的現行法律、規章、習俗和慣例。在這個脈絡下，近年來國民健康署持續推動《優生保健法》修正草案（欲更名為《生育保健法》）刪除人工流產配偶同意規定，保障女性生育自主決定權，以符合公約的要求。

人工流產，也就是人們討論的墮胎，究竟為何和歧視有關呢？依據現行的《優生保健法》已婚懷孕婦女有配偶者，如果要「因懷孕或生產，將影響其心理健康或家庭生活」而施行人工流產，應得配偶同意。但配偶生死不明或無意識或精神錯亂，不在此限。換句話說，如果已婚婦女想要人工流產，就必須要有配偶的同意。

對此，消除對婦女歧視委員會在第二十一號一般性建議，強調了婦女在婚姻和家庭關係中的平等權利。委員會認為，婦女負擔著生育和哺育子女的責任，這影響著她們接受教育、參與就業以及其他個人發展活動的能力，同時也給她們帶來了不平等的工作負擔。子女的數量和生育間隔對婦女的生活產生重大影響，也影響著她們和子女的身心健康，因此婦女應有權利決定自己的子女數量和生育間隔。任何對婦女採取強制性手段的作法，如強迫懷孕、人工流產、絕育或子女生養，雖然最好是與配偶或伴侶協商的決定，但是絕不應受到配偶、父母親、伴侶或政府的限制。而「配偶同意權」正是這樣的限制。

因此，國民健康署的修正方向，便是朝向刪除配偶同意權，將生育自主權還給懷孕婦女本身。然而，可以想像這樣的修正會招來許多反方意見。反方意見常認為，胎兒生命權事關重大、也關係到整個家庭，孩子是「雙方的孩子」、「我也有出染色體」，不應由婦女單方決定，也有人認為從少子化的角度來看，應該限制人工流產之實施。

但是，從公約的立場而言，婦女的自主性和權利至關重要。婦女應該擁有決定是否生育、生育次數以及間隔的完全權利。委員會強調了生育和育兒對婦女的影響最直接，因此最終決定權應該在她們手中。其他人可以參與討論，但不應對婦女的決定有所干預。並且，無論婦女是否已婚，是否得到配偶的同意，她們都應該享有就醫和照護的權利。此外，即使配偶不同意，婦女仍有權選擇人工流產。配偶權的設置其實隱含著家父長式的監管態度，也反映了對婦女的不信任，需要配偶行使最終的決定權，這種思維違反了性別平等的原則[2]。從這樣的角度來看，《優生保健法》的修正應該回歸至尊重婦女的決策權，避免將決定權置於配偶手中。

另一方面，委員會也強調，應該消除一切妨礙婦女獲得適當保健的障礙，包

2 本段落改寫自張馥薇，〈為何墮胎決定權該還給太太？——CEDAW教我們的女性自主〉，法律白話文運動，二〇二一年一月十三日。

括將人工流產視為犯罪行為的法律。類似的爭執在美國引發了大批民眾上街抗議與意見衝突[3]。二〇二二年六月，美國聯邦最高法院推翻了一九七三年「羅訴韋德案」（Roe v. Wade）以來憲法保障人工流產權的決定，肯定了密西西比州禁止人工流產的法律。這個決定使得共和黨執政的十多個州政府可以重啟「全面人工流產禁令」，甚至可能連因遭強制性行為等犯罪懷孕者，如果沒有威脅母體健康，也不得實施人工流產[4]。

這樣的作法「立即」導致許多女性的生育計畫受到影響，媒體甚至報導了預約人工流產手術直接遭到取消的案例。儘管她們的人生計畫可能無法承擔懷孕的後果、很多情況也並非自願懷孕，但法律不再允許她們實行人工流產，只能轉向地下管道自行流產或被迫產子。然而，在母體身心狀況不佳的前提下生產後，迎面而來的是養育子女可能需要的經濟支援、家庭支援等種種資源需求，如果難以滿足，除了婦女的人生可能整個被拖垮，子女的教養也可能蒙上陰影。

消除對婦女歧視委員會緊急呼籲美國應確保女性能取得安全且合法的人工流產管道，美國雖然有簽署卻遲遲未批准《消除對婦女一切形式歧視公約》。在美國，人工流產爭議仍是持續延燒的現在進行式，上千萬的女性受到影響，許多人上街爭取合法實施人工流產的權利，但反方也以胎兒存續權為主要理由持續反對。

事實上，人工流產除罪化的歷史並不悠久，許多國家的刑法仍有墮胎罪的處罰——眼光回到台灣，雖然我們討論了《優生保健法》中「允許人工流產」的情形，但這其實是針對刑法墮胎罪的例外規定。沒錯，在台灣，刑法第二八八條仍然規定，懷胎婦女人工流產構成犯罪，須面臨刑事責任，但是如果符合《優生保健法》中的要求，則構成「可以人工流產的例外」，阻卻了違法性，懷孕婦女才不致面對「墮胎罪」的責任和處罰。而現在關於《優生保健法》的討論就集中在什麼樣的情形能夠構成「例外」。

在胎兒的存續權和婦女的自主權間的掙扎中，《消除對婦女一切形式歧視公

3 美國的發展，詳見本書第十二章。
4 張鎮宏，〈衝擊二百五十六萬女性的墮胎權大戰：美國大法官推翻〈羅訴韋德案〉的代價？〉，報導者，二〇二二年六月二十七日。

約》所強調的價值能帶領我們走向何方，仍然需要持續深入對話。

思辨與問答

- 發生在職場和學校的性騷擾受害人，有時與加害人之間有著不對等的權勢關係，這會讓受害人在申訴時面臨什麼樣的困境？制度可以提供什麼協助，減緩這種狀況？另一方面，《性別平等工作法》新法擴張了「被害人」不同層次的申訴可能，相對而言，被指控為性騷擾加害者的行為人，在程序中需要獲得什麼樣的保障？
- 你覺得國家還能做什麼來消除性別歧視與性別暴力、推進性別平等？民間、企業與學校又可以做什麼來一起往這個目標邁進？

第三章：跳脫身體與文化的框架　平等基礎上享有人權

締約國應確保在所有領域，特別是在政治、社會、經濟、文化領域，採取一切適當措施，包括制定法律，保證婦女得到充分發展和進步，以確保婦女在與男子平等的基礎上，行使和享有人權及基本自由。

《消除對婦女一切形式歧視公約》（CEDAW）最重要的宗旨在於確保女人和女孩在與男人男孩平等的基礎上，得以在各方面（不論公私領域）皆可獲得順性發展的機會，而國家就有義務提供法律、政策及社會支持，來確保這些機會存在且能確實被實現。所謂的「各方面」大至參政、公共事務決策或就業就學，小至家務、生活瑣事或婚姻伴侶關係。

公約第三條要求女人與男人「在平等基礎上享有人權」其實應該跟第四條第一項的「暫行特別措施」(temporary special measures) 一起看[1]。消除對婦女歧視委員會一九九八年通過的第五號一般性建議就提到，雖然在廢除或修正歧視的法律方面，許多國家都有顯著進步，但仍有必要採取更積極的行動來促進不同性別之間的實質平等，才算是徹底地實現公約規定，因此鼓勵各國政府「採取更多臨時性特別措施」，諸如優惠待遇或配額，以促進女人在社會、經濟及政治生活的參與。

「夜間停車」就是一個很好的例子。交通部高速公路局在數個服務區特別設置夜間婦女專用車位，增設監視系統並加強照明，也提供保全人員陪同至停車位的服務，以提高安全性；高公局也在所有服務區設置哺集乳室，以提升女人得以友善近用公共場所的機會。這種積極性的行動就在突顯國家是否能看見社會上廣泛但隱微的性別不平等，而願意也能夠提供支持措施，使女人能夠毋需特別費力或擔憂就能在男人打造的世界裡安好地過生活。

男女平等了嗎？難以撼動的漢人祖產與祭祀習慣[2]

國家應該在制度上支持男女之間的平等，然而有時所謂的傳統慣習會與當代的平等觀念發生衝突，祭祀公業的爭議和法院的態度正好可以用來說明這種情形。有個家族從日治時期便在高雄設有「祭祀公業」，擁有相當祖產。家族裡有一支線包括兩女一男的繼承人，在外公（設立人之一）和母親過世後本該接替他們取得祭祀公業派下員的權利（包括祭祀、取得財產分配等），卻遭其他祭祀公業成員認為「女人的子孫的後代」而不承認他們的權利。

按照法律規定，祭祀公業及相關權益原則上是由男人繼承，女人僅在「無兄弟且未出嫁」時才可以繼承，若女人在長輩過世前就出嫁了，就喪失繼承權，後世子孫也不得繼承。那兩女一男的繼承人接受不了「嫁出去的女人是潑出去的水」的觀

1 參考本書第四章。

2 改寫自陳孟緯，〈拜得到的祖先，分不到的錢？來談祭祀公業，台灣「男女平等」的化外之地〉，法律白話文運動，二〇二三年二月八日。

念，主張《民法》中男女的平等繼承權，引發後續法律訴訟。二〇二三年一月，大法官透過一一二年憲判字第一號宣告《祭祀公業條例》部分條文違憲，認為法規「未涵蓋設立人其餘女系子孫部分，牴觸《憲法》第七條保障性別平等之意旨」。漢人社會相當重視家族遺產只留子的文化習慣，而且由古至今大都排除女人及其後代參與，變成男女平權的灰色地帶，更被最高法院及現代法律所默許。

至此，是不是很多不熟悉的用詞？祭祀公業是種特殊制度，大約於日治時代或更早之前出現，由某人捐出財產，讓後代子孫可以用這些財產來祭祀祖先，而捐財產的人稱為「設立人」。「祭祀」是指這些公有財產是祭祖用的，而「公業」是指財產是公有而非私有產業。「派下員」就是祭祀公業成員。二〇〇七年開始施行《祭祀公業條例》，若祭祀公業在此前成立，誰能成為派下員要看內部規約，若無約定，則只能由男系子孫取得；若祭祀公業成員沒有兒子，那未出嫁的女兒才可例外繼承，不然要看其他成員是否決議認可你的資格。

年輕人對拜祖先這件事可能無感，但最早的時候，祭祀原本是嫡長子的特權，「低端」庶子想拜還不可得；無感這件事，是隨著農業社會轉型，封建思想逐漸瓦解，加上祭祀目的是「使逝者得到供奉」，會花費不少時間及成本，也才讓祭祀從人人搶著要的「特權」，變成人人怠慢的「負擔」。為了避免自己死後沒人供奉成為無主冤魂，先人才會把預留一部分遺產設立公業，用出租或是出賣公業財產的好處來換取後代子孫願意祭祀的動機，促成「祖先有吃、子孫有拿」的雙贏局面。

簡單來說，祭祀公業就是「祭祀、遺產、繼承人」三元素的結合——祭祀跟傳香火是密不可分的。傳香火是指延續祭祀活動的意思，而漢族社會只有男人可以同時做到這兩件事，因為傳統觀念認為「女子未嫁時歸父宗，即嫁，則歸夫宗」。正因為祭祀的特殊目的，早期法院見解都認為：從祭祀公業繼承的不是遺產，而是香火，因此不能套用《民法》，而應回到傳統習慣去處理，由男人獨占。此見解導致明明是有形的遺產，卻巧妙躲過《民法》繼承的規定。二〇〇七年祭祀公業正式法制化後，更使這件事引發各界論戰。

事實上，祭祀公業已是兩度引發憲法爭議。司法院大法官在二〇一五年就做過釋字第七二八號，認為《祭祀公業條例》中「條例施行前已存在的祭祀公業，由誰來繼承，依規約定之」的規定，從私法自治、結社自由、法律安定性等觀點來看，雖然現狀下多數「有規約」的祭祀公業都只容許男人繼承，但權衡團體內當事人的意思自主，不至於過度侵害女人權益。

時隔六年後，一一二年憲判字第一號案件中聲請人家族的祭祀公業是沒有訂立規約的，而依《祭祀公業條例》直接讓男人繼承。判決認為《祭祀公業條例》的精神是祖先越多人拜越好，如果要區分男女系子孫，那麼在少子化的時代反而可能會延誤香火傳承。其次，現今的家族成員之間，不會因為是否結婚、冠誰的姓氏而有所不同，所以單純以「女系子孫」為理由剝奪派下資格已不合時宜。因此，法律不該維護有性別歧視的傳統，宣告「直接讓男人繼承」的規定違憲（但該判決刻意迴避了釋字第七二八號中「內部約定單傳男系」的狀況）。

祭祀是傳統文化，深深影響人民的家族認同，法律必須要考量到習慣實踐的狀況。比如傳統社會裡，為了拜拜忙進忙出的幾乎都是家族中的女人，如何能被認為不具祭祀能力？再從法制史的觀點來說，歷經時光洗禮，從清朝渡台到中華民國時期，祭祀公業對外曾是穩固唐山公落地生根的家族事業，是支持械鬥的組織靠山，更是對抗殖民者的民族主義溫床；對內，關於派下權利與繼承，它始終是世代搶奪傳統習慣詮釋權的戰場，而非先驗、亙古不變真理。

事實上，多數祭祀公業都在一九一二年前設立的，在政治經濟環境不斷變化之下，性別平等與《消除對婦女一切形式歧視公約》等人權觀念進入台灣社會許久，連《民法》繼承編原本內建的男尊女卑意識形態都順勢調整修法了，祭祀公業恐怕也不是（也不該是）維護性別不平等的社會制度，遑論透過法律將其正當化。當今已式微的祭祀公業在百年後才被憲法法庭開了平等權的第一槍，但已有太多女人的權利被漠視，只盼性別平等的最後一哩路能繼續走完。

從寺廟的各種禁忌中，看見月經污名與性別歧視[3]

傳統文化、宗教信仰與性別平等之間的磨合與折衝並非只發生在台灣，以女人

3 改寫自林汝羽、李柏翰，〈神與人的爭戰：女性進入印度教寺廟，為何引發爭議？〉，法律白話文運動，二〇一九年一月十七日。

的月經為例，在世界上許多地方都被視為不潔與污穢的象徵。儘管我們都知道，沒有月經就沒有嬰兒和你我的誕生，但理解這項事實卻經常無助於改善偏見。相信每個女孩在青春期都有經血溢出在褲裙上開花，然後著急想要處理「那個問題」的成長記憶，男孩不妨回想穿著白色長褲跳來跳去強調有蝶翼防側漏的廣告。除了擔心血液流出造成「觀感不佳」，經期中的女人還連帶被視為厄運的源頭[4]。

關於月經引發的歧視問題，在許多國家（特別是鄉村地區，如尼泊爾山區），經期的女孩和女人經常不允許被上學、上班、去廟裡上香、參與家族重要儀禮；甚至更極端的，她們會被隔離起來，不管是用劃線或小屋的方式，被囚禁在有限的空間裡，直到經血停止流出。然後到了下個月，同樣狀況重演一回。印度著名社會企業Goonj創始人曾指出，印度女性被月經困擾的原因，在於它被歸為「女人的問題」，但「月經是所有人的問題，但我們把這個問題隔離開了。我們其中有些人需要走出這個羞恥與沉默的文化，我們必須打破這個現象。」

月經歧視不必然只發生在特定國家和鄉村地區，月經歧視也包含對經期衛生用品課徵「非日常用品」商品稅。衛生棉、衛生棉條，這些世界上一半以上的人口一生中要使用至少四十年的物品，為何不算非日常用品呢？在印度，衛生棉的商品印花稅可高達十二%，這難道不是性別不平等？經期用品價格太高或難以取得，小女孩遵從大人（通常是成年女人）指示，使用破布或其他未經清潔消毒的紡織品墊在下體防止經血溢出，很容易造成細菌感染，甚至可能併發炎症死亡。

二〇一九年一月二日，印度喀拉拉邦（Kerala）兩名婦女因進入印度教的薩巴里馬拉寺廟（Sabarimala Temple），卻遭到印度教男性教徒使用暴力驅趕，甚至死亡威脅。該事件就是在認為「月經象徵不潔」的背景下發生的——薩巴里馬拉寺廟規定預期可能會有月經之十到五十歲的女人不得進入寺廟。

印度最高法院於二〇一八年九月做出判決，認為印度國內的神廟「禁女令」構成了性別歧視，侵害了憲法保障的平等權以及「朝拜權」（right to worship），因此要求寺廟解除禁令。值得注意的是，在五名法官的合議庭中，四比一投票結果唯一提出反對意見的是Indu Malhotra法官，也是唯一的女性法官。其反對意見的重點

4 關於月經和文化的關係與爭議，可參考本書第十三章。

在於：「憲法除了保障性別平等，也該促進宗教多元、社會和諧，以及『化外之地』不受干擾的自由。」她認為憲法雖然作為世俗國家系統的最高指導原則，但仍不應介入非世俗的宗教範疇與文化情感。

儘管喀拉拉邦政府支持法院的決定，但寺廟主持人拒絕配合執行判決。神廟終於還是在二〇一八年十月首度開放，政府下令解除長久以來的禁令，不料女人們還是被拒於門外。直到兩名地方媽媽（三十九歲的Kanaka Durga和四十歲的Bindu Ammini）不顧當地印度教保守派人士的抗議，在警方保護下第二次試圖進入信奉生長之神的神廟。此一舉措具有重大象徵意義，因為自解禁後，每個月只開放五天的神廟，門口堵滿了怒不可遏、手持武器且隨時準備「捍衛」傳統的信徒。四千多名女性踴躍上網登記參拜，卻無一能夠安然進入寺廟。

究竟是什麼讓信徒這麼生氣，認為有經期的女性（不只是正在來月經，而是還持續有月經，也就是所有具有生育能力的女性），進入神廟是對神明的冒犯呢？薩巴里馬拉寺廟供奉的神阿雅潘（Ayyappan）是個自然之神，形象有如泰山，作風宛如彼得潘或羅賓漢，帶著他的弓箭徜徉在山河森林之間，協助人間解決問題（比方說國王的妻子病了需要喝老虎奶之類的），故阿雅潘象徵維持社會秩序，解決不可能的任務且神威強大。

阿雅潘的形象可能是古老的達羅毗荼族（Dravidian）信仰跟印度教及穆斯林統治多方融合的結果，因此他的言行舉止不見於那些古老傳統經典（如打打殺殺婚喪嫁娶生孩子的熱鬧印度教史詩）。祂是濕婆（Shiva）跟前妻摩西妮（Mohini）兒子轉世的化身，雖長期處在邊緣，卻在文明與自然的邊界茁壯。

印度教的地方神廟往往在當地擁有數百年的忠實信眾，薩巴里馬拉寺廟也是印度全國民眾朝聖之旅的熱門勝地。此外，阿雅潘也被認為是獨身禁慾的男神，在印度教及南亞眾多宗教中，保留此神祇有其象徵意義，而禁止育齡女性進入寺廟的禁令，即是在象徵意義上，幫助阿雅潘對抗具生育能力女人的誘惑。

然而，印度早已於一九八〇年簽署、一九九三批准了《消除對婦女一切形式歧視公約》，而當代印度的法律也大致承認了女人擁有控制身體生育的意志與能力，但面對纏繞了階級、宗教、種族、年齡、世代等交織角色的女性身體，擁護傳統習慣的地方社會應重新定義自身價值，以回應憲法與普世人權之保障。神廟爭議引發了人民間的對抗，使得整起事件不僅逸出「化外之地」，甚至被高度政治化，而多重的權力聚焦、規訓特定人群的身體上，還能擁有多大的能動性與協商的空間呢——這都是關乎女人是否能在與男人平等的基礎上享有人權之重要問題。

思辨與問答

- 國家應在政治、社會、經濟、文化等領域都確保女人在與男人平等的基礎上，行使並享有人權。當然，消除法律中的歧視，或透過法律消弭歧視都是很重要的措施。你認為目前台灣社會還有什麼法律或政策應該被檢討並修正呢？
- 為了實現性別平等，「一切適當措施」也包括優惠性差別待遇，比如配額、特殊保護或義務減免，以修正結構性不平等的問題。就當代台灣而言，你覺得這樣的優惠性差別待遇仍是有說服力的嗎？可能包括什麼正反意見呢？

第四章：鬆綁那些以保護為名的禁錮　暫行特別措施

一．締約各國為加速實現男女事實上的平等而採取的暫行特別措施，不得視為本公約所指的歧視，亦不得因此導致維持不平等的標準或另立標準；這些措施應在男女機會和待遇平等的目的達到之後，停止採用。

二．締約各國為保護母性而採取的特別措施，包括本公約所列各項措施，不得視為歧視。

《消除對婦女一切形式歧視公約》（CEDAW）第三條確立性別平等原則，第四條進一步強調暫行特別措施（temporary special measures）對促進實質平等的重要性。消除對婦女歧視委員會一九八八年通過「暫行特別措施」第五號一般性建議，建議各國採取更多積極行動、優惠待遇或配額制度，以促進女人受教及參與經濟、政治與就業活動。委員會二〇〇四年再通過第二十五號一般性建議，強調《消除對婦女一切形式歧視公約》是隨社會發展與時俱進的動態文件，因此需要釐清這條規定的內容。

基於性別差異而發生的差別待遇或不對等的狀況，原則上會被視為性別歧視，但若是為了加速實現不同性別間之實質平等或為了保護母性（maternity），也就是基於女人與男人生理上的差異而給予不同待遇，不算是歧視，因為那是為了修正既有性別不平等而作的。所謂「暫行」，即便該措施要長期實施才有效果，但若預期效果已實現並持續一段期間，則須中止。而「特別」係指相關措施是為了追求特定目標，而不是其指稱的對象，未免使女人顯得脆弱而需要額外保護。

台灣也有許多暫行特別措施，逐步促進公私部門中的性別平等——各項選舉之婦女保障名額、把性別比例當作獎補助或評鑑的指標，比如大專校院一級女性主管的比例、各級學校中女人參選主任或校長的比例、上市上櫃公司中女性董事的比例等。國家科學及技術委員會也透過特別補助計畫，來鼓勵因生產或照顧責任而暫離研究工作之女性回歸職場，以消除女性人才流失的「管漏現象」（leaky pipeline）。這些措施都是為了消弭不同領域中性別不平等的現象而存在。

女人爭取公共參與，從婦女保障名額到性別比例[1]

一九四六年中華民國制憲時，《憲法》第一三四條就明文規定，「各種選舉，應規定婦女當選名額，其辦法以法律定之。」法律制定的婦女保障名額從十分之一到七分之一不等。而《憲法增修條文》第四條第二項規定，全國不分區及僑民選舉區（一九四七年設立、二〇〇八年已廢除）立委選舉，各政黨當選名單中婦女不得低於二分之一。《地方制度法》也規定各級民意代表的選舉名額四人以上時，婦女

1 部分參考黃長玲，〈追求性別平等——婦女保障名額的爭取〉，台灣女人；〈差異政治的形成：一九四六年婦女保障名額制訂的歷史過程〉，《政治科學論叢》第五十二期，二〇一二年六月，頁八十九—一一六。

當選名額須至少一人。女人在台灣的參政比例確實逐年都有提高。根據《消除對婦女一切形式歧視公約》第四次國家報告，二〇二〇年立法委員選舉，女性當選比例為四十一．六％（較二〇一六年增加三．五％），二〇一八年直轄市長選舉女性當選比例為十六．七％（與二〇一四年相同）、縣市長選舉女性當選比例為三十七．五％（較二〇一四年增加三十一．二％）。

各級地方民意代表選舉的女性當選人比例亦均較前一屆有所提升，顯示女人的參政實力持續增長。在中華民國的女人參政運動歷史中，一九二四年孫中山呼籲召開國民會議時，建議以「人民團體」為基礎產生政治代表（共九種，包括現代實業團體、商會、教育會、大學、各省學生聯合會、工會、農會、反對曹各軍及政黨），以加強民主政治中的社會代表性，打破過去以地域為主的方式產生代表的慣例。一九二四到一九二五年間中國婦女爭取參與國民會議的運動，甚至建立了全國性的「女界國民會議促進會」，促成「婦女」成為一種社會類別，最終也成為婦女保障名額這個概念的基礎。

事實上，到了一九九〇年代中期，女人靠自己當選的人數早就超過法定比例，

「保障名額」顯然已不適用，當時的婦團對此主要有兩大建議：有人主張應該取消保障名額，使女人參政不再是「特權」，認為它強化了女人在政治上是次等階級的刻板印象。也有人主張應該提高保障比例，認為女人參政比例提高只是形式上的平等，在實質的競選條件、當選機會及形成性別友善的政策意見上仍居於劣勢，因此提高法定比例仍有需求。最後「提高婦女保障比例」的主張成為大多數人的共識，也是台灣針對促進性別平等暫行特別措施的重要例子。

婦運健將彭婉如在一九九四年進入民進黨婦女部後就努力推動修訂黨綱，訂定四分之一婦女保障名額。一九九六年十一月三十日，彭婉如到高雄參加民進黨全國黨代表大會進行遊說工作，卻在夜間返回飯店途中遇害。彭婉如的死造成民進黨與台灣社會極大震撼，民進黨馬上通過相關提案，隔年全國婦團更成立「四分之一婦女保障名額入憲」聯盟，三度上陽明山向正值修憲的國大代表請願，均被拒絕。婦團隨即拜會內政部長葉金鳳（彼時唯一女性閣員），要求《地方制度法》立法時確保各級選舉四分之一婦女保障名額。該提案最後在一九九九年三讀時通過。

在修憲遊說行動中，婦團反思「保障名額」的確可能不符合民主原則，而且台灣女人參政的進展早已超越需要被特別保護的過渡階段，為了實踐性別正義，便不再訴求四分之一「婦女保障名額」（reserved seats for women），改成三分之一「性別比例」（gender quotas）。如同消除對婦女歧視委員會所提醒，當「婦女保障名額」完成階段性任務，隨著新的社會發展，倡議團體就需要有新的策略，而國家也應該推出新措施來因應新時代的需求。

時至今日，為符合國際趨勢，「性別平等政策綱領」明定我國要持續推動並擴大施行三分之一性別比例原則。除中央層級外，「地方政府推動性別平等業務輔導獎勵計畫」也鼓勵地方政府落實決策參與之性別衡平，惟進展並未如預期快速。至於其他機關，二〇二〇年第六屆女性監察委員占四十四%（監委共二十七人），而監察院院長陳菊是五院中唯一的女性院長；第十三屆女性考試委員占五十五・六%（考委共九人）；二〇一七至二〇二〇年間，每年司法院大法官共十五人，女性大法官四人。

為強化新住民女性參與公共決策之能力，移民署的「新住民事務協調會報」及「新住民發展基金管理會」都明定性別組成規範。為加強原住民族女性在決策職位上的代表性，除了確保原住民族委員會中的女性委員比例，原民會也在各部落推動成立部落會議，藉由部落組織之建制與再造，創造原住民婦女參與公共事務之機會，並改善其在部落中的政治與社會地位。

為保障高齡女性平等參與老人福利相關措施及政策制定時的諮詢機會，衛生福利部「老人福利推動小組設置要點」明定任一性別比例不得少於三分之一。為了促進障礙女性參與決策職位，「身心障礙者權益保障推動小組」、「身心障礙者訓練與就業推動小組」、「特殊教育學生鑑定、就學輔導會及特殊教育諮詢會」皆有聘任障礙女性擔任委員，此外也需要兼顧各障礙類別之間的平衡與代表性。

還有許多其他領域都已加入了三分之一性別比例的要求，不再停留在「保障名額」的時代，這些都是為了提升政治過程中的性別平等，也開始考慮到女人之間的多樣性與生活差異，比如承受交織邊緣處境的原住民、新住民、高齡與障礙女性等群體，相關「暫行特別措施」都需要更細緻的設計，才符合《消除對婦女一切形式歧視公約》要求法規及方案與時俱進的規定。

從保護母性到違反性別平等的「禁止女人夜工」[2]

二〇二一年八月，大法官做出司法院釋字第八〇七號解釋，宣告《勞動基準法》第四十九條第一項規定立即失效，引起譁然。該規定原本要求：除非工會同意，不可以讓女性勞工在深夜十點到凌晨六點之間工作。若沒有工會的話，要經過勞資會議的同意，而且雇主須提供必要的安全衛生設施、交通工具或女工宿舍。大法官認為，「限制女人在晚上工作的規定」違反了《憲法》第七條對性別平等的保障。

故事發生於家樂福和華航這兩間公司經常違反《勞動基準法》第四十九條第一項規定（深夜到凌晨不能讓女工出勤）而被罰，所以提起行政訴訟；而接到案件的台北高等行政法院法官也覺得這個法條有不合理的地方，因此聲請釋憲。雖然兩家公司因為不能讓女性勞工在深夜工作被罰，主張自己的權利受到侵害，諸如財產權、營業自由與契約自由，但最後大法官只討論了「性別平等」這個面向。

大法官說，「平等權」這把劍要謹慎揮舞。勞基法規定是用「性別（女工）」當作分類標準，形成男女間的差別待遇，但性別是個人難以改變的特徵，社會上也充斥性別刻板印象，因此遇到此等差別待遇的分類時，需要用較為嚴格的審查：必須是為了追求重要的公共利益，而且這個差別待遇與它要實現的目的之間要有「實質關聯性」。那麼「禁止女人夜工條款」的立法目的是什麼？其初衷是為了保護女工的人身安全、免於違反生理時鐘於夜間工作，以維持身體健康，更是為了使人口結構穩定及整體社會世代的健康。

這些目標聽來確實是重要公益！然而，限制夜間工作，真的能達到立法者宣稱的目標嗎？大法官提出的幾點批判：首先，國家本來就有義務採取措施保護女工的人身安全，比如要求雇主提供交通工具或宿舍，而禁止夜間工作只是使女人的安全夜行的權利，變成限制她們選擇夜間工作自由的理由，手段與目的之間顯然沒有關聯。再來，違反生理時鐘而影響健康是不分性別，所有勞工都會面臨的問題，如果是出於考量女人大多需從事家務及照顧子女，而禁止她們夜間工作，反而在加深女

2 改寫自吳子毅，〈限制女性深夜工作違憲，大法官的善意對勞權發展是好是壞？〉，法律白話文運動，二〇二一年九月二十四日。

人顧家的刻板印象，單身及未生育的女工也顯然不在這個範圍內。

大法官接著還說：依《勞動基準法》的規定，如果女人要在夜間工作，必須經過工會或勞資會議同意，所以「團體代為同意」是夜間女工可否的關鍵。但女工之間，個人意願與條件都有所差異，無法一概而論，「團體」無法代表所有女工決定。工會內部的性別比例若失衡，也有可能做出不符女工權益的決定，並不一定具有正當性。就這樣，大法官的劍斬向工會的後頸。事實上，就是這點令人非議。釋字第八〇七號解釋出爐後，對於性別平等，輿論多為肯定立場，但針對勞權中團體同意的部分，就眾說紛紜了。

反對者擔心大法官釋字一出，將導致工會弱化、母性保護的缺漏以及女工夜間工作遭遇的困境。工會弱化這點容易理解，但什麼使母性保護造成缺漏呢？《勞動基準法》第四九條第五項是第一項的但書：儘管工會同意了，懷孕或哺乳期間的女性勞工還是不能在深夜工作。若第一項「禁止女人夜工條款」失效，那第五項也跟著沒了。

因此，勞動部在釋憲後隨即表明立場，認為《勞動基準法》第四十九條第三項及第五項規定將不受影響，但如何「不受影響」尚不明朗。至於女工夜間工作的條件原本建立在符合勞資協議要求的基礎上，若「禁止女人夜工條款」失效，原本勞資協議談好的條件會不會隨之失效？未來新進勞工的工作條件又該如何訂定，個別女工有能力和籌碼與雇主談判談到最好的條件嗎？

有論者提出，乾脆以人身安全為公共目的，將「禁止女人夜工條款」改成禁止所有勞工夜工，但這樣仍然不符合大法官的意見，還是變相限制了勞工選擇夜間工作的自由，目的與手段之間仍然欠缺實質關聯性。那麼生理時鐘混亂導致身體不健康呢？參照《職業安全衛生法》的規定，其針對具危險性或有害性的工作進行管制，卻也沒有全然禁止勞工從事此類工作，所以是否可以基於健康之目的，全面禁止勞工於夜間工作，似乎也不符合比例原則。

根據消除對婦女歧視委員會二〇一四年的第二十五號一般性建議，以男性為主設計的職場與生活方式，而未考慮到不同女人的生活經驗，或許是出於無心，但往往這些區別會因男女生理差異及對不同性別的刻板態度而導致不平等，因此相關措施（即使是以保護母性或性別平等為名）也該常常被檢視。

台灣社會經歷時代變遷與產業升級，夜間工作不如過去危險，「男主外、女主內」的傳統觀念不再堅若磐石，因此消除「禁止女人夜工條款」確實可能有助於促進性別平等。暫行特別措施是為了促進不同性別之間的實質平等，若已失去必要性或預期效果，甚至成為新的壓迫，就應該及時被消除。

思辨與問答

- 台灣各領域都設有性別比例或婦女保障名額等規定，有人認為這樣不符合民主或專家政治中「任人唯才、唯才是用」（meritocracy）的治理原則，你對於這個辯論有何想法呢？對當今的台灣政治而言，怎樣才是公平的設計呢？
- 一九七九年通過的《消除對婦女一切形式歧視公約》允許各國為「保護母性」採取特別措施，但時值今日各地性別關係早有許多轉變，因此保護母性會否複製女人承受的刻板印象也常成為當代社會爭議。你有聽過其他哪些例子嗎？

第五章：只能當「好男人」或「好女人」嗎？
改變性別偏見

締約各國應採取一切適當措施：

(a) 改變男女的社會和文化行為模式，以消除基於性別而分尊卑觀念或基於男女任務定型所產生的偏見、習俗和一切其他作法；

(b) 保證家庭教育應包括正確了解母性的社會功能和確認教養子女是父母的共同責任，當然在任何情況下都應首先考慮子女的利益。

美術課上，你都怎麼畫出「爸媽」呢？每到母親節，大家就會開始「幫忙」媽媽做家事，不過為什麼做家事是媽媽的事，而家裡其他成員（包括爸爸）的參與是在幫忙呢？台灣社會對母親的想像是侷限的——哺育孩子、做飯打掃，一副心甘情願的滿足模樣，其形象是溫暖而堅定、嘮叨卻窩心的。父親若做同樣的事卻能獲得「新好男人」的稱讚（在過去，甚至可能會遭受異樣眼光），這些反應在在都突顯了某種關於性別的刻板印象。

《民法》很久以前曾規定：父母如果對照顧子女的方式意見不合時，由父親決定。然而，在司法院釋字第三六五號中，大法官提到：該規定制定於一九三〇年，那個女人被迫待在家且無法普遍受教的年代，所以才選擇讓父親負責子女的教養。可是放眼本號解釋的時代，即一九九四年，女人的教育水準已大幅提高，擁有自主意識，從事各種行業的機會也與男人幾無軒輊，因此若在爭執子女管教方式時，一味地排除母親的意見，實在違反了憲法中的性別平等原則。

其實《消除對婦女一切形式歧視公約》（CEDAW）第五條就要求各國應盡力改變男女關係的意識形態與行為模式，以消除出於性別差異而產生出的尊卑觀念或社會偏見。由於各國發展程度不同，其社會文化中看待女人的刻板觀念也不全然一樣，因此消除對婦女歧視委員會一九八七年通過了第三號一般性建議，鼓勵各國採用因地制宜的教育內容與大眾資訊宣傳的方案，以消除妨礙性別平等的偏見與習俗。

男子氣概需要被解毒，社會偏見需要被仔細解讀[1]

「是男孩就不准哭！」近來「有毒的男子氣概」（toxic masculinity）成為很夯的詞，但有毒的男子氣概到底是什麼、打哪來，為什麼使所有人不分性別都活得這麼辛苦？「有毒的男子氣概」指的是身為當代男人，活在父權體制中、信仰性別二元分類，對於兩性也有著深根蒂固的刻板印象，比如女人要在家洗衣煮飯、臣服於男性霸權之下，而男人則要負責養家、展現「男人該有的樣子」。

那什麼是男子氣概（或陽剛氣質）？所有生理男性都具有陽剛氣質嗎？澳洲社

1 改寫自許珈熒，〈從CEDAW看有毒的男子氣概〉，法律白話文運動，二〇二二年十二月十二日。

會學家康乃爾（Raewyn Connell）提出霸權、共犯、從屬及邊緣四種類型的陽剛氣質，大部分的男人都臣服於霸權男子氣概，只有特定男人能成為社會中所謂「夠男人、有男子氣概的男人」，而一個生理男性拒絕或接受、習得或學不會其所處社會脈絡中對「陽剛」的定義和要求，將決定他在社會中的地位。

有毒的男子氣概是個不斷變動的概念，指特定時空背景下「成為男人」的社會實踐。以古希臘時期為例，希臘半島城邦林立、戰爭無數，當時定義男人最好的方式就是要驍勇善戰、戰無不勝。同時，古希臘人崇拜火神，將父親與火神的地位並駕齊驅，作為抵禦野獸侵襲、照明或炊煮的主力，生理差異及工具分工助長了父權體制及其支配地位。人類學家認為父權體制建構於有秩序的社會，當人類從無秩序進入有秩序、從部族到國家、從採集到農耕經濟，使血親團體中的青壯年男子擔任保護的角色，透過逐漸形成的社會秩序成為治理核心。

從歷史來看，宗教及律法都不斷灌輸生理男性成為符合定義的「男人」進而支配社會的觀念。如中世紀宗教法《格拉提安教令集》（*Decretum Gratiani*）提到，中世紀夫妻皆由神指定，為了榮耀上帝並繁衍繼承人。性無能在當時不僅是離婚事由，甚至相信女性擁有精子、性高潮才能懷孕，生兒子是男性精子戰勝女性精子，反之則否。

性行為成為衡量「陽剛」最簡單的方式，性高潮和小孩性別更決定了男人是否可以支配女人的標準。陽具崇拜亦加深生理上的支配，年長男子教導年輕男孩成為支配者並認為男男之愛才是純粹的愛，以此合理化貶低女人，但同時期的法律亦表達出對男性間過度愛戀的焦慮，進而將異性戀的地位提高。

又十七世紀的英格蘭開始盛行彬彬有禮的紳士文化，「陽剛」進而涵蓋了階級、品味與禮儀等元素，透過展示騎士精神贏得女人芳心。當有一群男人主宰社會、定義何謂夠格的男人，就會有另一群邊緣甚至受到壓迫的其他男人。根據《衛報》二〇一七年一項調查，從羅馬時期就存在的一家之主（paterfamilias）概念，至今仍有七十％的男人認為自己要在經濟上支撐家庭，四十二％的青少年認為需要藉由暴力發洩情緒。我們現在讀的人類史，雖以人類之名，但其實就是一部男人史，看著男性統治者如何成為上層階級、如何宰制社會、如何統治國家——陽剛氣質同時創造出陰柔氣質（femininity），也抑制了女人的自主性、獨立性與自由。

消除對婦女歧視委員會二〇一〇年通過第二十八號「關於締約國在公約第二條之下核心義務」的一般性建議，即指出社會上對生理差別所賦予的社會與文化意義，不僅產生性別之間的階級及權力關係，也導致權力分配有利男性、不利於女性，透過對身體與性別特徵的命令，制約女孩男孩的自我認同、生活方式和社會角色。性別平權就是要讓全人類無分性別都能自由發展個人能力並追求職涯發展，不受刻板印象、既定性別角色與偏見的限制，而國家有義務使這件事發生。

以台劇《俗女養成記》為例，嘉玲大姑受傳統男女任務定型的限制，而陳嘉玲被傳統社會文化對於適婚年齡女人行為模式支配而掙扎。再以韓劇《非常律師》為例，米爾生命公司人資部長以丈夫為對象實施留職停薪，進而逼迫女人選擇成為「賢內助」。再以美國一九七六年DeGraffenreid v. General Motors判決為例，被告通用汽車公司不雇用黑人女性，裁員也以黑人女性居多，所以原告主張她們作為黑人女性受到的歧視。法院分別從性別歧視、種族歧視的角度認為不構成歧視，也不允許原告將兩個歧視因素合併為一個訴訟主張。

有色人種女性本身就是一個不同壓迫身分交織而成的「分類」（category）。交織性（intersectionality）可以用來理解個人的社會與政治身分如何連結作用，並產生不同模式的偏見與優惠待遇，用以分析社會邊緣群體所經驗到的多重歧視。這也是消除對婦女歧視委員會透過許多一般性建議不斷強調的——住在農村偏鄉的女孩和女人、來自原住民族部落的女孩和女人、有身心障礙的女孩和女人、被感染愛滋的女孩和女人、流離失所或尋求庇護的女孩和女人。

回到通用汽車案，交織性要我們看見黑人女性所經歷的惡意不是黑人男子及白人女子所遭受之歧視的總和，而是另一種歧視，需要不同的方法來處理。純粹從不同的陽剛／白人氣質（whiteness）之間看見「男人」或「白人」如何養成並不夠，從被創造出來的陰柔／黑人氣質（blackness）來理解所有女人／黑人也不足，該被好好解讀並解毒的不只是性別歧視，也包括交織加乘之所有形式的壓迫。

革除結構性暴力，別讓殺人成為自我救濟的手段[2]

「然將謀害親夫之淫婦遊街示眾，有匡正社會風氣之效，故此次陳林市之遊街，雖少奸夫仍屬必需，相信婦輩看了能引以為戒，不致去學習洋人婦女要求什麼婦女平權、上洋學堂，實際上卻是外出拋頭露面，不守婦戒，毀我經年婦女名訓。寄望這次遊街，可使有心人士出力挽救日愈低落的婦德。」作家李昂在一九八三年出版的小說《殺夫》中如此描述，今日或許仍被許多人視為理所當然，媒體版面上對女性主義者的嘲諷亦不絕於耳，將女性主義與仇男劃上等號。

《殺夫》中的女人以殺戮如此極端暴力的方式，肉身反抗暴虐父權與宗族倫理的壓迫，而這般以暴力回應性別壓迫為題材的文學作品並不算少見。二十世紀初，葛列絲貝（Susan Glaspell）的短篇故事《她的同性陪審團》（*A Jury of Her Peers*）就以兩位女鄰居為殺夫女子隱藏證據為故事背景，討論女性情誼如何抗衡傳統家庭中的性別角色。麥克納爾蒂（Faith McNulty）一九八〇年的小說《燃燒的床》（*The Burning Bed*）則改編自一件一九七〇年代長期受虐婦女縱火殺夫的真實案件。這些作品對家暴問題及女性主義心理學研究提供了思考方向。

美國心理學家沃克（Lenore Walker）一九七九年提出「受虐婦女綜合症候群」（battered woman syndrome，一種創傷後壓力症候群）作為殺夫女子在法庭上的抗辯事由——在長期循環且不可預測的暴力下，女人會發展出「習得性無助」（learned helplessness），最終這種無助狀態會讓女人認為自己無法從虐待關係中脫離，轉而使用殺死施暴者的方式來終結痛苦。沃克等人主張這種綜合症應視為一種正當防衛，後來逐漸在個案中透過精神鑑定被法院採納。

消除對婦女歧視委員會二〇一七年通過「關於基於性別暴力侵害婦女行為」的第三五號一般性建議中就闡明，性別暴力作為性別壓迫中最嚴重且最明顯的一種，相比其他隱性壓迫（如職場中的玻璃天花板、刻板印象）更容易獲得大眾關注。現實面而言，預防或制裁暴力可能是足以用國家機器達成的短期目標，但若不根除容

2 改寫自吳彤，〈法律中的性別：「殺夫」之罪，該如何判決才合理？〉，法律白話文運動，二〇一九年十一月二十一日。

忍暴力的文化偏見，將永遠無法徹底消除家暴或親密關係暴力等現象。

「真是天不照甲子，人不行天理。我就說林市是有福不知守，你想伊嫁給殺豬仔陳，上無公婆，下無姑叔，又免出海下田，天天不必做就有得吃，這款命要幾世人才修來，哪知查某人不會守，還敗在這款事情上。」「這款事，查某人忍忍也就過去，哪有胡亂唉唉亂叫，鬧得四鄰皆知，害我們做查某的都不敢替伊辯解呢！真是。」李昂在《殺夫》中接著這麼寫道。

儒教中「三從四德」的規訓暗示著傳統婚姻得以剝奪女人的主體性，個人成敗完全仰賴父親、兄弟與丈夫的地位。久而久之，整體社會氛圍縱容父權男性作為宰制女性的權威，而父權女性也成了幫兇，利用宗族倫理教條、鄰里妯娌的閒言碎語編織密不透風的網，讓所有想要逃離的靈魂在網下窒息。家暴問題也隱含了階級因素，出身富裕的女人若不幸遭遇家暴，原生家庭能傾全力提供避風港，但如李昂筆下的林市一樣，貧困的女人遭受身心及經濟地位全方面的壓制，施暴的丈夫最多得到幾句口頭責備，而被施暴的妻子則被期待咬牙苦撐。

促使台灣社會開始正視家暴問題是「鄧如雯殺夫案」。鄧如雯十五歲時遭到林阿棋性侵懷孕生子，後被迫與其結婚。婚姻中，鄧如雯長期遭到性侵及毆打，家人還時常受到暴力威脅，甚至連年幼的孩子也無法倖免。一九九三年十月二十七日，不堪長期受虐的鄧如雯，趁林熟睡時將他殺害，事後自首。板橋地方法院一審認定此案成立普通殺人罪，而鄧僅符合自首一項減刑條件。在婦女團體和時任律師王如玄的努力下，最終台灣高等法院二審時認為鄧如雯除自首外，也因案發時精神耗弱而獲得減刑，成為台灣婦運反婚暴進程中的里程碑。

一九九八年台灣出台《家庭暴力防治法》，一九九九年六月開始實行「民事保護令制度」，成為亞洲第一個有民事保護令的國家。雖然家暴法的出現是值得慶祝的事，但這遠非「反家暴」的最終勝利。鄧如雯案後，台北市社會局康乃馨專線接獲婦女求助的電話顯著提升。家暴不會是單一偶然事件，性別暴力不會因為一個殘虐的丈夫死亡或一個受虐妻子入獄，就能自動終結。父權文化的壓迫、受虐女性的創傷，固然是迫使女性使用暴力的原因，但最根本的原因仍是缺乏盡快讓她們脫離施虐者的機制。惟在許多地方，文化及社會因素仍使家暴被視為「家務事」，而法律和社工資源之缺乏也讓家暴受害者難以接觸救濟途徑。

要真正消弭人際間的直接暴力，必須要從根源處理結構性暴力的問題。因此《消除對婦女一切形式歧視公約》第五條才會要求國家盡力改變男女的社會和文化行為模式，才能漸漸「消除基於性別而分尊卑觀念或基於男女任務定型所產生的偏見、習俗和一切其他作法」。謀殺施暴者不該是受害者最後的救濟手段，國家與主流社會應給予各種形式之支持，而不是讓她們在忍無可忍之時訴諸暴力，以鐵窗生涯作為自己終於免於壓迫恐懼的代價。

思辨與問答

- 在當今台灣社會，你認為什麼樣的性別氣質才符合「真男人」和「好男人」或「真女人」和「好女人」的定義呢？這些當代的定義是否有毒而需要被消除，抑或「好男人」與「好女人」間的性別關係將符合理想中的性別平等呢？
- 為了消除性別偏見所導致的歧視甚至性別暴力，國家需要透過法律、政策、公眾宣導及教育等手段來修正有害的性別觀念、推廣性別平等意識，但中華民國的法律是否也該介入原住民族社群中隱含性別不平等的文化實踐？

第六章：從跨國婚姻到性交易產業　禁止販賣婦女與使婦女賣淫

締約各國應採取一切適當措施，包括制定法律，以禁止一切形式販賣婦女及意圖營利使婦女賣淫的行為。

黃春明的小說《看海的日子》曾在一九八三年改編為電影，女主角從小被寄養，十四歲時便被養父賣到南方澳漁港的私娼寮，故事中生動描繪了她作為「妓女」與「母親」兩個身分的內心衝突，以及所面臨的社會眼光與生活挑戰。這種包括「販賣婦女、使婦女賣淫」元素的故事並不只是「上個時代的事」，到了二〇二四年，甚至變得更加國際化——我們總是能在新聞上看見「跨國賣淫人蛇集團」這類標題。

這些新聞背後，都是一個個真實的人、真實的事。這些事仍在發生——女人仍然是被販賣的客體、被引誘進入剝削與控制的深淵，失去自由。在某個城市或鄉村角落，許多婦女的命運可能因為一通陌生電話、被一則投放廣告吸引，投入了未知的新工作，不久後，她們的護照被剝奪、身體被囚禁，並淪為性奴隸，身心崩潰。

販賣婦女與迫使婦女賣淫，無疑是對人權的重大侵犯，《消除對婦女一切形式歧視公約》（CEDAW）明確地要求締約國採取一切適當措施，打擊販賣婦女和性剝削的行為。禁止販賣婦女的根本目標是保護婦女免受剝削和侵害，實現性別平等和社會正義。各國應該從法律、社會、教育等多方面入手，建立一套全面的反對販賣婦女的機制，並針對這一問題進行深入的社會教育與宣傳，提升公眾對於婦女權益的認識。

婚姻仲介或買賣新娘？

在提及「販賣婦女與使婦女賣淫」時，大家腦內的「經典案例」可能是販賣婦女成為性工作者，可能不會直接聯想至「買賣新娘」的情形，然而，在某些情形下，買賣新娘或部分美其名以婚姻仲介掩飾的狀況，也可能涉及販賣婦女之實。

尤其是外籍新娘買賣，即便是以「婚姻自由」為名，但以台灣而言，媒合業者相關的用語，例如「保證處女」、「保證三個月娶回」等「促銷」廣告，實在已經嚴重將外籍配偶商品化[1]。而相關費用，儘管可能是仲介商的勞務對價，但支付給外籍配偶原生家庭的費用，究竟是要解釋為傳統習俗之聘金（甚至聘金本身的意義也值得討論）、或者購買新娘的對價，顯然已經遊走在「販賣人口」的邊緣。在這些情況下，女人似乎成為被販賣的客體，支付費用迎來外籍新娘，換取性服務、生

1 李宜芳，〈外籍新娘不是被販賣的商品，請給予婚姻中的平等權！〉，教育部人權教育資源網，二〇一九年二月二十八日。

產、家務勞動等功能。

因此，在某些情形下，應該注意買賣新娘可能作為一種人口販運形式，特別是當這種買賣涉及強迫、剝削或是讓女性失去自主選擇權的情況下。這種行為侵犯了女性的基本人權，因為它將女性視為物品進行交易，剝奪了她們的尊嚴和自由。儘管在某些文化或經濟背景下，買賣新娘的現象可能被合理化或傳統化，但《消除對婦女一切形式歧視公約》強調，任何形式的性別歧視和剝削都應被禁止，無論這些行為以何種形式出現。國家有責任制定並執行法律，打擊這類剝削行為，確保女性擁有選擇自己生活和婚姻的權利，而不應淪為經濟或文化交易的犧牲品。

可惜的是，無論歷史上或現在，這類將女性置於買賣、剝削體系的現象，可說是層出不窮。

拯救雛妓運動

在台灣，拯救雛妓運動是一個對這種剝削的反抗實例。一九八〇年代，在長老教會彩虹婦女事工中心主任廖碧英的調查下，社會開始意識到婦女、尤其原住民少女被販賣為娼的悲慘經驗，民間發起了拯救雛妓的運動。一九八七年，婦女團體聯合了原住民族、人權、教會團體，展開遊行、靜坐等活動，抗議買賣人口、政府縱容「販賣人口及山地雛妓」。

對此，警方開啟了正風方案，但被認為效果不佳，雖然查獲八百餘名雛妓，卻發生大量包庇事件、也沒有充分的制裁。因此，一九八八年一月，救援雛妓的華西街大遊行再次聚集了三十幾個民間團體，爾後這些救援行動持續開展，包括百合中途之家、勵馨園、黃絲帶運動等，也促進了社會對此議題的重視[2]。例如羔露・瑪萊便是站在反雛妓遊行第一線的倡議者，當她意識到原住民和女性交織的處境、意識到「姊妹們真的在裡面」時，積極參與長老教會彩虹專案，並在當年華西街大遊行的隊伍中，以族語疾呼，反對販賣山地少女，爭取姊妹們不再被商人到部落買

2 劉煥榮，〈一九八八年一月九日救援雛妓華西街大遊行〉，台灣女人。

賣、交換[3]。

在這些努力下，一九九五年，台灣終於通過了《兒童及少年性交易防制條例》。雖然情況大幅改善——至少業者不敢再明目張膽地招募未成年少女，但經濟全球化下，業者目標轉向了中國與東南亞的婦女[4]。

跨國販賣婦女的深淵

跨國販賣婦女的現象日漸猖獗，成為當今世界面臨的一大危機。許多婦女因貧困、失業或社會動盪，需要逃離當前困境而遭受引誘，成為人口販運的目標。從近年的聯合國全球人口販運報告來看，女性仍然是主要目標，而超過六十%的販運罪犯是男性。且兒童受害者的比例相較本世紀初幾乎翻倍，女孩遭受性剝削為多、而男孩則成為強迫勞動的對象[5]。

對這種全球移民背景下的人口販運，二〇二〇年消除對婦女歧視委員會的第三八號一般性建議指出，這一現象根源於缺乏對販運問題性別層面的認識，以及經濟政策造成的結構性不平等。全球化帶來的勞工剝削、公共服務的私有化和社會支出的減少，無不加劇了婦女的脆弱地位，使她們更易成為販運的受害者。面對這一切，唯有全面認識和積極應對，才能真正保護這些最易受到傷害的群體，打破長期存在的歧視和不平等。

在台灣，相關案件仍然層出不窮，例如二〇二四年的新聞，便有中國人蛇集團偷渡婦女來台，在台相關人士遭判刑之案例[6]，也有移民署南區事務大隊破獲人口販運的性剝削案件，發現跨國人蛇賣淫集團，高薪招攬大批東南亞婦女來台從事性交易，以套房式管理躲避查緝，並已依人口販運防制法、刑法妨害風化罪及組織犯

3 陳怡如，〈站在反雛妓遊行第一線　羔露．瑪萊〉，《原視界》，二〇二一年六月二十一日。

4 高小帆，〈由台灣人口販運現況看非政府組織的角色〉，《婦研縱橫》，八十四期，二〇〇七年十月。

5 See the 2022 UNODC Global Reports on Trafficking in Persons.

6 謝幸恩，〈男子勾結中國人蛇集團偷渡女子來台判刑五年定讞〉，中央社新聞，二〇二四年九月二十八日。

罪防制條例移送法辦[7]。

或許有人會認為，這些跨國賣淫之婦女是為了獲取經濟利益而「自願從事性工作」，但這樣的看法掩蓋了背後的深層問題。許多受招攬來台者，往往生活在貧困與缺乏機會的環境中，在選擇非常有限的前提下，走上了這條路。而這樣的販運下，即便她們的性勞動是有對價的，卻也更強化了對女性的物化與剝削。實則，性工作者的權益保障是非常複雜的問題，不僅涉及法與政策的灰色地帶，更是性別平等與社會結構問題的深層交織，包括全球化下的影響——對經濟弱勢國的移民而言，性工作容易成為一種選項。

性交易產業是否應該合法？台灣現況如何？

從這樣的爭議，也可以延伸到性交易合法化的議題。應注意的是，雖然販運和性交易可能存在交集，但兩者並非等同。販運是指以剝削為目的，透過脅迫、欺詐或其他不正當手段，將人販賣至他處或他國的行為。這一行為涉及剝奪受害者的自由、尊嚴和基本人權，並使其成為剝削者的商品。相對而言，性交易則是指以性服務為目的的商業行為。

性交易合法化的支持者常主張，透過合法化，可以保障性工作者的權益，提供法律保護和社會保障。性工作者若能夠在安全的環境中工作，便可能減少對其之剝削和暴力行為。支持者強調，許多性工作者是基於經濟困境或其他需求而選擇這份工作，作為一種職業，應該享有與其他勞動者相同的權利和尊嚴。另一方面，如果是自願、主動選擇這份工作的，那麼性工作者和其他職業者同樣應該受到保障，不應對此工作有不合理的差別待遇、歧視。此外，合法化可以幫助政府更好地監管這一行業，減少地下交易，進而打擊人口販運與性剝削。

反對者則強調，合法化性交易可能會導致更嚴重的人口販運問題，特別是在缺乏有效的法律執行和監管體系的情況下。而性交易的合法化可能會使性工作者面臨

7 林雅婷，〈曬龍蝦、撒鈔票！高屏查獲「尚青」色情集團平均只有二十五歲〉，TVBS新聞，二〇二四年二月六日。

更大的風險，因為這可能會吸引更多目的在剝削的人進入這個市場。也有反對者認為，性交易本身就是對女人的剝削，合法化只會混淆這一事實，並進一步固化社會中對女性的物化與不平等的觀念。

從另一個觀點而言，販運和性工作的界線，可能也有爭議。如果說投入性工作者是自願，我們應該如何看待這個「自願」？以外籍性工作者為例，如果確實是為了高額的報酬、為了改善生活條件而「自願」加入特定業者，那麼在多大程度上我們應該將其理解為「販運」和「剝削」？那些護照被沒收、行動被限制的狀況，也都能被這樣的「自願」而合理化嗎？

在台灣，性交易向來沒有被法律真正禁止，而是應該遵循法律規範。過去曾有公娼制度，在廢除後，現行規範以「性交易專區」維持性交易合法存在的空間。以往《社會秩序維護法》曾有「罰娼不罰嫖」的規定：「意圖得利與人姦、宿者，處三日以下拘留或新台幣三萬元以下罰鍰」，大法官在二〇〇九年以釋字第六六六號解釋認定本條違反平等權。爾後，立院的修法轉而朝向了在性交易專區之外的「娼嫖皆罰」。

具體而言，二〇一一年十一月修正公布的新法，使各縣市可以自行劃定性交易專區並自行立法管理性交易，但在性交易專區之外者，則是雙方皆會受到處罰。然而，新的問題便是，哪個縣市願意主動設立性交易專區？修法至今，仍無下文。換句話說，目前在台灣的性交易實際上無法合法，因為欠缺專區的設置。

不過，《消除對婦女一切形式歧視公約》所禁止的「使婦女賣淫」，所定的對象並非娼嫖雙方，而是那些操控、強迫婦女從事性工作的剝削者。這包括了人口販運者、中介人以及其他任何將女性視為交易對象的第三方。

禁止根本的剝削

《消除對婦女一切形式歧視公約》強調，政府有責任消除一切形式的性別歧視。在二〇二〇年的第三十八號一般性建議中，公約呼籲各國從性別角度全面審視並處理人口販運問題，尤其是要消除那些使婦女處於不利地位的結構性因素。儘管販運和性交易並非同一層次的問題，這一觀點同樣對於我們看待性交易的方式有所啟發：無論性交易是否合法，重點是我們應該禁止根本的剝削，最核心的挑戰是如何確保婦女的基本人權、尊嚴和經濟安全不受侵犯，並朝向讓所有婦女在這片土地、這世界上都能活得有尊嚴、安全的目標努力。

思辨與問答

- 你是否看過關於外籍配偶的媒合廣告？從性別平等的角度而言，你認為這些宣傳有什麼問題？
- 跨國販賣婦女是當前全球化世界裡嚴重的問題，這顯現了婦女受到哪些不平等的對待？
- 婦女在什麼樣的情況下可能會進入性交易產業？「自願」進入性產業的「自願」是什麼意思？

第七章：台灣的女人參政一點都不困難？ 消除政治與公共生活之歧視

締約各國應採取一切適當措施，消除在本國政治和公共生活中對婦女的歧視，特別應保證婦女在與男子平等的條件下：

(a) 在一切選舉和公民投票中有選舉權，並在一切民選機構有被選舉權；

(b) 參加政府政策的制訂及其執行，並擔任各級政府公職，執行一切公務；

(c) 參加有關本國公共和政治生活的非政府組織和協會。

政治參與及公共生活的平等，是《消除對婦女一切形式歧視公約》（CEDAW）第七條關注的重點。本條(a)款關注選舉與被選舉權。其實，遲至二十世紀起，選舉與被選舉的女性參政權才漸漸普及，有些國家的發展更是出奇地晚，例如瑞士女性在一九九〇年代才在所有地方選舉獲得選舉權。本款的目的在於，促使民選職位上的性別人數平衡，並確保婦女了解其投票權，包括投票權的重要性以及如何行使，並且排除包括因教育程度、語言、貧困等妨害婦女行使選舉與被選舉權的自由所造成的障礙。消除對婦女歧視委員會特別提及，禁止對普遍選舉權施加特定的條件，例如教育程度、財產資格等，這除了是違反了普遍受到保障的基本人權，也會對婦女產生更不利的影響，違反公約的精神。

(b)款則要求國家保證婦女參與政策產生與執行的過程，並獲取職位，執行公務。在政治決策層面，婦女的參與和代表性不足，容易導致政策制定中缺乏性別觀點及對婦女需求的考慮。而(c)所指涉的政治與公共生活，包括公共行政與公民社會的各方面，在國際、國家、區域、地方等各層級參與與執行等一切活動。本款鼓勵非政府組織及各種協會採用策略鼓勵婦女代表及婦女之參與。

婦女參與政治與公共生活為何重要？可以從其背景談起，一九九七年的第二十三號一般性建議指出，婦女從事的私人或家庭領域活動，被認為負責生育和扶養子女，而社會將這些活動視為次等，相反地，男性支配的公共活動則受到尊重和尊敬，且更進一步透過權力將婦女限制並約束在私人領域之內。儘管婦女在支撐家庭和社會方面扮演主要角色，卻被排斥於政治決策過程之外，然而，這些過程會決定她們的生活與未來。

儘管任何政策都可能影響婦女，但舉例而言，試想決定人工流產政策的人、簽署人工流產禁令的人若都以男性為主，便可以很好的說明了女性被排斥在決策過程之外，卻受到深遠影響的這種困境。

儘管女性獲得了參政權，在政治參與和領導角色中仍然面臨著歧視，比如除了婦女生活處境的限制使其無法投入選舉外，女性政治人物經常被因為性別而遭到質疑，例如「穿裙子的人不適合當總統」或是女性候選人在競選過程中，基於其性傾向、外貌、婚姻狀況、以及生育與否受到攻擊與批評的情形，依然屢見不鮮。一般性建議也指出，有許多女性認為政治是令人討厭的，因此避免參與政治活動。這些都會進一步阻礙女性在政治程序中獲得充分的影響力，使政治決定忽略其需求或是決定在男性手中。

從憲法規定婦女保障名額，到女性閣員比例成為總統競選重要政見[1]

在台灣，《憲法》第一三四條明文規定婦女保障名額，指出各種選舉應規定婦女當選名額。《憲法增修條文》就有規定，針對全國不分區及僑居國外國民立法委員的當選名單（由各政黨提出），婦女至少要占全部名額的二分之一，而我國國會立委席次共一一三席，其中三十四席為不分區立委，根據上面不分區立委任一性別不得低於二分之一的原則，可確定女性立委至少會有十七席，占比至少十五%。

《公職人員選舉罷免法》也規定，當依序按照政黨名單分配立法委員的當選名額，且婦女當選人少於應該當選的名額總數之際，即由名單在後的婦女優先分配當選。婦女候選人少於應分配的婦女當選名額時，則視同缺額。

另外就直轄市議員、縣（市）議員、鄉（鎮、市）民代表的地方選舉，則是規定在《地方制度法》與《公職人員選舉罷免法》。相關規定要求，選出的議員或民意代表名額每達四人，其中至少要有一名女性；且在女性當選人不足最低規定當選名額時，也會採取特別的計算方法，將女性候選人得票數單獨計算，得票比較多者當選，以確保女性的當選人數[2]。

除了民意代表，行政權方面，行政院性平處在二〇二三年指出，台灣性別平權依照國際標準計算蟬聯亞洲第一，女性政治參與比例優於其他不少國家；二〇二二年九合一選舉女性縣市長突破五成創新高，新內閣女性占比近十七％，顯見台灣性別平權已逐步落實。在此方面，台灣的實踐確實也獲得國際審查專家的肯定，不過，如「十七％」這樣的數字，雖然已經較過去提升、也在跨國維度下是不錯的表現，但若考慮女性占人口比約五成，要說「達成」平等，恐怕還有空間。

內閣的性別構成，反映了我們最高行政層面是否具有充分的多元代表性，因此除了確保女性在政治參與中的數量之外，我們也期待增加女性與多元性別的政治領袖的比例，這樣一來，我們能夠在政策制定過程中獲得不同於以往男性主導思維的觀點。例如，最近幾年來我們重視的性別平等教育，若要制定有效的性別平等政

1 本段改寫自黃伊平，〈「女性閣員比例」為何成為總統大選戰場？現行法律怎麼說？〉，法律白話文運動，二〇二三年四月四日。

2 這種保障名額的作法逐漸邁向性別比例的發展與代表的意義，詳細參考本書第四章。

策，內閣成員是否具備多元性別意識就變得至關重要。政策制定需要建立在多元意見的基礎上，這包括不同性別、不同性傾向、不同宗教信仰的人參與其中。這是民主政治的核心價值所在。因此，在二〇二四年的總統大選中，我們可以看到內閣的女性比例也是各個候選人積極表態的重要議題。

有女總統，就性別平等了嗎？

在政治領導階層出現女性身影，是民間與官方長期努力的結果。台灣在二〇一六年選出第一位女性總統。然而，《報導者》曾爬梳全球民選女性領導人紀錄，發現在蔡英文之前，亞洲國家若有女性元首，幾乎全數來自政治家族。而憑藉政治世家上台的女性領導人帶領下的國家，國內女性地位與參政環境許多並無提升，領導人著重於保護既得利益，也無心解決婦女遭遇的歧視與障礙，國會長期缺乏女性聲音，性別不平等的狀況如故[3]。相較之下，體制若能著重進用具有性別意識的首長，鼓勵更多女性步入政治，比起形式上選出單一女性領導人，可能對於實質平等更有幫助。

如果來自多元背景的女性代表性不足，尤其是傳統上在政治程序較弱勢之女性，例如農村、原住民族背景的女性，或是身心障礙女性、老年婦女和多元性別女性的代表，不同群體的聲音如何更立體地參與在政治程序之中，也是持續面對的重要挑戰[4]。

對女性政治家的騷擾日漸增加

在第四次國家報告國際專家的提問中，問到了關於對女性政治家騷擾日益增加的問題，並指出這其實是一種國際趨勢，部分原因是網路和社群媒體提供新的管道，可以有效且廣泛地傳播包括但不限於厭女的態度。專家指出，這需要有效的因

3 引自楊芬瑩，〈女總統之後的性別平權〉，報導者，二〇一六年一月十六日。
4 黃伊平，〈「女性閣員比例」為何成為總統大選戰場？現行法律怎麼說？〉，法律白話文運動，二〇二三年四月四日。

應。這類型的暴力與仇恨言論，是與公約價值不符的。

實則，女人並非不適合政治，而是在過去傳統的社會價值觀下，一開始就不被鼓勵參與政治，而且女性從政者特別容易遭受基於性別歧視的批評，像是過去就有前副總統吳敦義攻擊時任總統蔡英文是「衰尾查某」、楊志良在競選活動上說「吳思瑤快五十歲了，這輩子絕子絕孫」，或林國成說苗博雅「不屑叫她小姐」等失言風波，遭受民眾撻伐。因此，我們不僅需要一個可以反映多元性別的內閣和國會，真正需要的是一個尊重多元性別的大環境。期待傳統價值加諸女人身上的要求，不再成為女人從政的阻礙。

思辨與問答

- 當女人想要參與政治時，她們可能會遇到一系列基於性別而生的困難。首先，女人通常面臨來自社會的性別刻板印象和角色定位，這可能會導致她們被認為不適合擔任領導職務或參與政治。另外，女人在政治參與方面也可能面臨家庭和職業生涯之間的平衡問題，因為政治工作通常需要長時間和不規律的工作時間，這可能與她們被認定的家庭責任和角色相衝突。如果你是一位想要參與政治的女人，你會如何面對這些挑戰？
- 對於網路上對女政治家的外表、婚姻狀態、性傾向等攻擊，你認為政府和民間社會應該採取什麼樣的因應措施？

第八章：外交皆困境，外派竟也艱難？ 消除外交與國際事務之歧視

締約各國應採取一切適當措施，保證婦女在與男子平等不受任何歧視的條件下，有機會在國際上代表本國政府和參加各國際組織的工作。

《消除對婦女一切形式歧視公約》（CEDAW）第八條著重在婦女有平等機會參與外交工作及代表政府參與國際組織等工作。消除對婦女歧視委員會第二十三號一般性建議指出，大部分政府的外交和外事機構，婦女的任職人數不足，尤其是最高層級。而婦女的任命會因婚姻狀況受到限制或歧視，同等地位的婦女經常得不到男性外交官享有的家庭福利待遇。這號一般性建議也提及，在任命和晉升重要職

位、參加官方代表團方面，往往缺少客觀標準與程序，婦女很少有機會和男人在國際上平等地代表我國政府或參與國際組織的工作。

委員會認為，將婦女納入國際組織議程是重要的，也是各國政府義不容辭的責任，許多全球性的問題，在欠缺女性參與的狀況下做成決策，這與婦女參與各領域非政府組織的情形形成對比。也就是說，以國際而言，婦女已經透過非政府組織的形式對許多全球性議題逐漸發聲，這些議題深深地影響女性的未來，但國際組織的決策程序卻仍然欠缺女性身影。

外交場域的女性與外交特考的百分之十女性限額

儘管台灣外交處境艱難，但這基本上並不妨礙本國追求外交工作與國際組織代表的性別平等。台灣首位女外交官張小月出生於一九五三年，擁有多項外交部的「女性第一」紀錄，包括首位女性外交常務次長、北美司第一位女性副司長、首位駐美辦事處女處長、以及首位女大使（駐聖克里斯多福）[1]。張小月已經成為典範人物，在提及女性外交官時，總是會聽見這個名字。而這些紀錄的晚近，顯現出女性早期在進入外交體系的艱難，以及要在體系中獲得重用的稀少性。

根據第四次國家報告中引用的數據，二〇二〇年女性駐外館長（包括大使、常任代表及總領事）人數十四人，占十二．八％，較二〇一六年十二人，占十一．九％，稍有成長。國家報告也提及優先拔擢女性主管的政策。政府近年也提升女性代表政府參與國際會議或國際組織之比例，舉例而言，二〇二〇年亞太經濟合作（APEC）經濟領袖會議代表團中，女性占比為四十％，二〇二〇年全年會議中，我國共有九百八十七位產、官、學界專家出席，女性五百一十位（占五十一．六％），專業部長層級會議之女性出席比率則達六十八．二％。

此外，台灣設置了婦女賦權無任所大使，推動女性賦權，每年協助國內婦女非政府組織參與聯合國婦女地位委員會等組織，擴大國際參與。在國際參與上，整體表現確實值得肯定，並期待更多的進展。

1 〈外交領域出頭天〉，台灣女人。

不過，駐外館長等級的女性比例低落，一大原因是我國在一九九六年以前的外交特考對女性名額有嚴格限制，這種限制的考量，也牽涉到外交領域女性的各種困境。直到一九九五年以前，外交特考皆規定女性錄取名額不得超過十％！在立委抨擊下，一九九六年起取消了性別限制，在早期女性錄取人數低落的狀況下，現今主管等級的女性外交官數量也有限。近年來，女性錄取比例已經經常超過五成，女性主管比例偏低狀況，未來應可改善。

派駐的艱難

早期之限制，某程度也反映了女性外交官派駐之困難。以外交工作而言，除了在外派地區的生活挑戰，對於女性而言，經常面臨的是婚戀的考量。討論中常被提及的是，經常輪調的工作，會使得未婚女性難以覓得對象，而對於已經結婚的女性，也很難兼顧工作、婚姻與家庭。雖然這份工作本身無涉性別差異，但實際上在生涯規畫上，女性受到的衝擊遠較男性為大[2]。因此，儘管特考在取消限制後，女性外交官的錄取比例經常高於男性，許多新聞報導仍然會提及女性外交人員的工作性質挑戰、婚戀問題等。

女性外交人員在派駐國外時，除需要面臨被派駐危險地區、需要大量體力勞動（例如凌晨接機）的狀況，也常常遇到難以要求伴侶陪同到異地長期生活的困境。這些考量可能會影響她們對外派工作的動力和意願。另一方面，單身女性外交官在國外可能會與外國籍對象交往，甚至結婚。這種情況並不罕見，而當這樣的對象是他國外交人員時，情況就變得更加複雜了。外交工作涉及到國家機密和國家忠誠問題。當外交官與外國籍外交人員交往時，政府和外交機構會擔心這會對國家安全造成潛在威脅，但人民有選擇結婚對象的自由，這與國家安全之間如何拿捏，可能又產生了另一層次的爭議。

在討論女性外交官面臨的挑戰時，必須注意到這些討論經常有意無意忽略了男性外交人員類似的情況。男性外交官也可能面臨著類似的挑戰：也要面臨派駐地的

2 參考台南市CEDAW教材案例之內容。

危險和大量體力勞動、也可能難以要求伴侶陪同、也可能在國外遇見婚戀對象，但這些情況往往沒有像女性那樣受到媒體關注。這反映了社會對性別角色和分工的刻板想像仍然存在，因為社會認為男人可以「舉家搬遷」、或「妻子可以留在台灣照顧小孩」，總之，妻子和子女被預設會配合丈夫的決定。

而這種媒體報導與討論集中在女性外交官的情形，反映了社會對於性別角色的固有期待。一方面，這種「只提及女性困難」的討論方式直接映照了這種不平等，畢竟男性在私領域也同樣有婚姻經營與家庭照顧的責任。另一方面，卻又進一步強化了這種不平等。例如，人們很容易接受媒體或社群媒體中呈現的「女性很難要伴侶陪同出國」的預設想法，而正是這種觀念會造成女性在派駐上面對更多困難。以異性伴侶而言，無論是派駐、公司外派、甚至出國留學，在二十一世紀的今日仍隱隱存在著傳統「夫唱婦隨」的觀念。而這可能會對女性外交官或任何要出國工作求學的女性造成額外的壓力和挑戰，因為她們可能會感到自己需要在事業和婚戀之間做出艱難的抉擇。

因此，當我們討論女性外交官面臨的困難時，我們應該意識到這背後反映的不僅僅是個人層面的挑戰，更是社會性別角色和期待的結果。如果沒有打破這些刻板印象，難以促進真正的性別平等，讓每個人都有平等的機會參與外交事務，而不受性別的限制。政府也應注意確保駐外地區人員的安全、工作環境，並且提供足夠的家庭支持，包括眷屬及子女補助等，以期進一步翻轉刻板印象。

最後，值得一提的是在二〇一九年政大外交的《外交通訊》中，刊載了張小月外交官的訪談，她指出，雖然早期外交工作被認為是男性的領域，但現在女性的機會已經與男性一樣多，趨向性別平等。外界對於女性在外交領域的擔憂是多餘的。雖然作為女性外交官，她確實遇到一些限制，比如在伊斯蘭國家，政府官員可能不與女性來往，這是由當地文化習俗所決定的，然而在外交場域上，她表示大部分國家官員不論年齡、性別都尊重她，只專注於她所代表的國家[3]。這些分享以積極正面的經驗，回應了許多關於女性在外交領域擔任外交官的疑慮。

3 張維容、王侑芳，〈找尋一條離開時已充分實現自我的道路—張小月學姐專訪〉，國立政治大學外交系《外交通訊》，二〇一九。

思辨與問答

- 為什麼外交過去長期被認為是男性的工作？對於性別平等的推動，政府應該採取什麼措施，以確保女性外交官能夠在同等條件下參與和成功地進行外交工作？
- 如何在社會中打破對於性別角色和期待的刻板印象，以促進男女平等，讓女性外交官和男性外交官都能夠自由地追求事業和個人生活的平衡？

第九章：現代版的「嫁雞隨雞，嫁狗隨狗」國籍權之平等

一．締約國應給予婦女與男子有取得、改變或保留國籍的同等權利。締約各國應特別保證，與外國人結婚或於婚姻存續期間丈夫改變國籍均不當然改變妻子的國籍，使她成為無國籍人，或把丈夫的國籍強加於她。

二．締約國在關於子女的國籍方面，應給予婦女與男子平等的權利。

國籍是一個人是否能在社會中順利走跳的基本資格，《世界人權宣言》第十五條就提到人人皆有享有國籍的權利。《消除對婦女一切形式歧視公約》（CEDAW）第九條也規定國家在取得、改變或保留國籍這件事上，應確保女人與

男人擁有相同的權利，而已婚女人也毋須隨著丈夫改變或失去原本國籍。

消除對婦女歧視委員會二〇一四年通過「關於婦女的難民地位、庇護、國籍與無國籍狀態之性別面向」的第三十二號一般性建議，裡頭強調，雖然理想上，不應有無國籍而影響到個人的基本權利，但實際上國籍往往成為個人是否能充分政治及社會參與的關鍵。

在許多國家，擁有國籍的女人本就權利危殆的狀態，若再輕易失去國籍，即可能遭受更嚴重且多重的歧視。看似性別中立的國籍法，經常會直接或間接地歧視女人，比如台灣的《國籍法》原本要求新移民女性在申請歸化時，必須先放棄原本國籍，使這些新移民暫時變成無國籍的狀態。此法律風險不僅可能傷害婚姻移民的女人，也會影響到他們小孩的身分認定。直到二〇一六年修法，《國籍法》才改為允許「先歸化」再補提喪失原有國籍的書面證明，而且若因現實困難實在無法取得喪失國籍證明，也可破例允許不用提出。

歸化要件也可能帶有間接歧視，比如要求申請者須具備基本語言能力或有相當經濟能力等，對於遭遇教育權或財產權被剝奪處境的外國或無國籍女性而言，可能非常困難。因此，台灣在二〇一六年大幅度修訂了《國籍法》，外籍配偶不再需要符合經濟自立條款，又若因受家暴離婚或配偶死亡且未再婚，或有扶養或照顧未成年子女，仍可以申請歸化（但需證明與原配偶家人仍有低度往來關係）。但這樣真的就能完整保障外籍配偶的國籍權了嗎？

跨國婚姻聽似浪漫，但處處皆是失去國籍的危機[1]

如果國籍不同的兩個人結為連理、成為配偶，他們的婚姻是否成立要如何判斷呢？兩個人的國籍又會受到什麼影響呢？「台灣第一名模」林志玲二〇一九年與日本偶像團體「放浪兄弟」團員Akira（黑澤良平）結婚——究竟是林志玲成為日本媳婦，還是Akira成為台灣女婿，相關討論躍上新聞媒體版面。依《涉外民事法律

1 部分參考梁維珊，〈從大S與汪小菲的離婚，談兩岸怨偶如何順利分手？〉，法律白話文運動，二〇二一年十二月三日。

適用法》第四十六條規定：婚姻的成立，依各當事人的本國法判斷。

也就是說，雙方須分別符合自己國家法規中關於結婚的要件，才能成立有效的婚姻。以林志玲跟Akira的婚姻為例，具有我國國籍的林志玲須符合民法中的結婚要件（如滿十八歲、與Akira並非近親、未重婚等），而日本籍的Akira也須符合日本法的合法要件，兩人婚姻關係才會有效成立。至於結婚方式，由於日本和台灣都採取登記婚，因此雙方只要在兩地都登記就夠了。即使如此，若兩個人並未向對方國籍國申請歸化，並不會憑空獲得新的國籍或失去原本國籍。

不過，像Akira這樣「外籍女婿」的情況在台灣其實屬較少見的狀況。根據針對《消除對婦女一切形式歧視公約》的第三次國家報告，二〇一三至二〇一六年歸化我國國籍人數為十萬六千兩百六十五人，其中女性占超過總歸化人數九十五%，原國籍以東南亞國家居多，又以來自越南的人最多。因不符合《國籍法》規定歸化申請遭駁回的有一百三十六人，女性占總駁回人數七十七%，後來有八十二人重新申請並獲准許可。根據第四次國家報告，共兩百一十九人的申請遭駁回，主因包括無法確認婚姻真實性、有刑案紀錄、未達合法居留年限等。

為平等保障提供移民婦女及其孩子取得、改變或保留國籍的權利，台灣決定放寬長久以來為人詬病《國籍法》中有關歸化的規定，尤其希望避免放棄原有國籍卻不及或無法歸化的情況再度發生，而使外籍女性配偶陷入無國籍狀態的困境。除了允許「先歸化，再補提喪失原有國籍證明」的規定之外，申請歸化的合法居留期間也由五年降至三年，原本主觀的「品行端正」要件也改成較客觀的「無不良素行」。

為免認定過於寬泛，內政部在二〇一七年十月制定並發布了《歸化國籍無不良素行認定辦法》。「不良素行」包括確定犯罪及若干違反《社會秩序維護法》的狀況、未對配偶或未成年子女盡法定扶養義務、有習慣性家暴行為，以及在台居留時曾對兒少有性侵害、性剝削、性霸凌、性騷擾或跟蹤騷擾等行為。若只是情節輕微的狀況，在相關處罰執行完之後，仍可能再度獲得申請歸化國籍的權利，而其情可憫、出於自我防衛或不可歸責於申請人（並非申請人的錯）的狀況，也有機會不被視為「不良素行」。

另一個「外籍女婿」的例子，還包括二〇二二年跟大S徐熙媛浪漫成婚的韓團「酷龍」成員具俊曄。與林志玲移住日本不同，具俊曄選擇定居台灣，成為新住民的一員。根據上面提到的兩份國家報告，我國新住民總人數合計五十六萬四千兩百九十六人，其中女性占九十一%，包括中港澳地區三十四萬兩千兩百八十七人及其他國籍十七萬一千兩百人。此外，台灣於二〇一六年放寬「依親簽證」的面談條件——若台灣人的外籍結婚對象曾在台灣就讀大專院校，畢業後於我國取得合法工作居留證一年以上，或持有免簽證適用國家之永久居留證（如日韓），就可以不用面談。

既然提到了具俊曄，當時大S與汪小菲離婚自然也引發許多討論。依《中華人民共和國民法典》二〇二一年的新規定，申請離婚登記有冷靜期的設計，為了避免因離婚登記手續過於簡便，導致輕率離婚。反之，台灣並沒有離婚冷靜期，雙方可以選擇在台灣協議離婚，一起到戶政事務所完成登記並領取離婚證書。之後，中方配偶再持離婚證書辦理公證，就能在中國順利完成離婚手續。

內政部於二〇一九年十月修正《大陸地區人民在台灣地區依親居留長期居留或定居許可辦法》。若中國籍配偶與依親對象離婚，離婚後三十日內與原來那個人再婚、對在台未成年親生子女有扶養事實，或是出於家暴而離婚的話，可以保留在台居留許可。由於居住在台灣的外籍配偶大多數是女人，因此國籍或居留權不因婚姻關係消滅而受影響，是攸關性別平等之一項重要的制度性保障。

根據消除對婦女歧視委員會二〇一四年通過的第三十二號一般性建議，《消除對婦女一切形式歧視公約》第九條規定，無論已婚或離婚的女人都應該享有與男人同等之取得、保留及改變國籍的權利。此外，女人也應該在與其丈夫同等的條件下，可以將其國籍傳給自己的孩子，無論她們居住在自己的國家還是在國外。如此規定是因為在許多國家，若丈夫改變國籍、成為無國籍人或死亡，或是婚姻以離婚告終，女性配偶經常遭遇自動喪失國籍或居留權的待遇，導致嚴重的公民、政治、經濟及社會權利之損害。

貌似性別中立的無國籍問題，卻暗藏性別不平等[2]

出過國的人可能都想過：我是因為身為「人」而在國際社會中移動時中具有意

2 部分參考李柏翰，〈江湖在走、國籍要有——擾動國際法主客體界線的無國籍者〉，報導者，義，抑或是我的「國籍」讓我擁有一席之地？這個問題對於搬到其他國家居住的人來說，或許更加深刻。國籍（nationality）作為一個國族成員的標籤，是自己人或其他人辨識你的方法。就算一個人幸運找到棲身處，仍可能享受不了許多專屬公民的權利與福利，如合法工作、結婚公證、財產登記、投票、社會保險等。國籍（對外）與公民資格（對內）幾乎是一個人安身立命的門檻，但它們卻取決於國家是否願意給予公民身分。

根據我國於二〇一七年針對《消除對婦女一切形式歧視公約》提出的第三次國家報告，政府自我宣稱二〇一六年大幅度修訂《國籍法》是為了確保國籍權保障之性別平等，因為大部分申請歸化的新住民是與台灣男子締結異性婚姻的外籍女子。儘管新法確實開放了「歸化」的形式要件，但魔鬼其實藏在細節中，修改後的《國籍法》第一九條仍令人充滿疑慮，其第一項規定：歸化中華民國國籍後，若發生與《國籍法》規定不合的狀況，內政部發現的那天開始計算，兩年內都還能撤銷歸化許可（修法前是五年，但時間過長，與法治原則不符）。

同時，第十九條也新增了第二項：就算順利取得我國國籍，若法院認為是「通謀為虛偽結婚或收養」而取得中華民國國籍的話，也可能被撤銷。二〇一七年九月十三日，移民人權專家學者與民間團體成立了「一九盟」，認為《國籍法》第十九條規定嚴重侵害人權。根據該條文，移民放棄原本母國的國籍後，即使順利完成歸化，經法院判決「假結婚」或「假收養」，其國籍仍會被撤銷，而沒有定下任何時效限制，新住民將終身處於不確定狀態，生活在失去身分的恐懼當中。再加上大部分新移民的東南亞母國難以回復原本國籍，極易陷入「無國籍」的困境中，而違反《消除對婦女一切形式歧視公約》的規定。

國籍權遭剝奪的狀況可能包括間接歧視（如台灣《國籍法》的狀況）及透過法律制度之直接歧視，比如二〇一一年迄今，敘利亞內戰導致的歐洲難民危機就創造出不少「無國籍人」。根據敘利亞的《國籍法》，只有男性公民可以傳承該國的公民身分，而若難民婦女的丈夫或異性伴侶死亡或失蹤，新生兒無法透過母親獲得敘

二〇二三年七月十八日；法律白話文，〈我要保障的國籍，不做恐懼的移民〉，法律白話文運動，二〇一七年九月二十日。

利亞國籍。又若部分歐盟國家未依《兒童權利公約》賦予該國國籍，則會造成一整代的無國籍兒童。

目前國際上有兩份公約關注無國籍問題，包括一九五四年的《關於無國籍人地位公約》和一九六一年的《減少無國籍狀態公約》，但締約國都寥寥可數。在台灣，若移工小孩的生母及生父均已不可考或皆是無國籍人，可以依《國籍法》第二條規定取得我國國籍。若生父不詳，生母為外國人且行跡不明或已出境，依相關規定可能用專案核發外僑居留證，但也可能淪為無國籍兒童。

事實上，「無國籍狀態」大多出於恣意武斷的國籍法規與政策。比如一名原哥倫比亞籍的雙性人茹芭許金（Eliana Rubashkyn，改名前為Luis Rubashkyn）在二〇一二年取得台北醫學大學的獎學金來台唸書。他出生時被決定為男性，在台求學時，因性別認同為女人而決定進行性別重置。接受荷爾蒙替代療法後，因外型明顯轉變，所以移民署要求他更新護照，否則無法繼續留在台灣就學。

茹芭許金在二〇一四年去哥國駐香港領事館，但因外形與證件照不符而被拒絕承認其哥倫比亞國籍。當時他向港台申請庇護，但港台皆無難民保護法制，於是他不僅被拘留多時，也在機場和醫院受到許多性羞辱與性騷擾，一度成為無國籍人。後來所幸聯合國難民署介入，幫助茹芭許金取得難民資格，最後得以移轉至紐西蘭落地生根。茹芭許金面對的困境在在點出國籍認定所能產生的具體影響。茹芭許金的原國籍國哥倫比亞不在乎她的痛苦，而具有保護利益的台灣則因為無法可循而不作為，令他求助無門。

假如人權是「你擁有，僅僅因為你是人」，那它們便應直接關乎人類生存且生活的條件。若此為真，那「擁有國籍」始得獲得基本保障，則成為詭異的人權狀況。在人權這個概念出現，現代國際法只承認國家是國際法的主體，其他法人或自然人都只是被宰制的客體。唯有透過國家主權機制之運作（如國籍或管轄），個人才能進入國際社會，故無國籍人的存在成為一種例外狀態。

看似不分男女都有可能變成「無國籍」，但實際上女人更容易遭遇這種對待。歧視性的法律或社會習慣可能會導致她們及她們的小孩無法獲得證明身分的文件，而無國籍女子往往也更容易被邊緣化，可能會面臨行動上的限制，也會在尋求外交保護時遇到問題，最後陷入沒有任何國家把她們視為國民的處境。因此，聯合國難民署於二〇一四年十一月啟動的「全球終止無國籍行動計畫」（Global Action Plan to End Statelessness 2014-2024），要求各國採取具有性別敏感度的策略，以免引發進一步的性別歧視以及國籍權不平等的狀況。

思辨與問答

- 國籍與求學、求職、基本權保障及眾多社會福利的條件緊密扣連，這也是為什麼各國政府或主流社會的意見通常都很抗拒輕易地賦予自己國家的公民資格。然而，「不給予」卻事實上經常造成可避免的人權侵害，該如何權衡呢？
- 為了減少或消除在全球範圍中「無國籍狀態」的問題，聯合國、國際移民組織（International Organization for Migration）及其他國際組織皆致力於要讓各國積極賦予國籍，但相關政策或措施要長什麼樣子，才不會複製性別不平等呢？

第十章：男女分校下的落差　教育權之平等

締約各國應採取一切適當措施以消除對婦女的歧視，以保證婦女在教育方面享有與男子平等的權利，特別是在男女平等的基礎上確保：

(a) 在各類教育機構，不論其在城市或農村，在專業和職業輔導、取得學習機會和文憑等方面都有相同的條件。在學前教育、普通教育、技術、專業和高等技術教育以及各種職業培訓方面，都應保證這種平等；

(b) 課程、考試、師資的標準、校舍和設備的質量一律相同；

(c) 為消除在各級和各種方式的教育中對男女任務的任何定型觀念，應鼓勵實行男女同校和其他有助於實現這個目的的教育形式，並特別應修訂教科書和課程以及相應地修改教學方法；

(d) 領受獎學金和其他研究補助金的機會相同；

(e) 接受成人教育、包括成人識字和實用讀寫能力的教育的機會相同，特別是為了盡早縮短男女之間存在的教育水平上的一切差距；

(f) 減少女生退學率，並為離校過早的少女和婦女安排各種方案；

(g) 積極參加運動和體育的機會相同；

(h) 有接受特殊知識輔導的機會，以有助於保障家庭健康和幸福，包括關於計畫生育的知識和輔導在內。

「人民有受國民教育之權利與義務。」中華民國《憲法》第二十一條對於人民的受教育權做了最初步的規範，但基於我國早期社會的發展，家庭中多有重男輕女的錯誤觀念，同時也反映在男女受教育的情形上，過去家庭中可能會傾全家之力培養男性上學，女性則因為在家分擔家務而失去受教育的機會，甚至有女性被家中要求出外工作賺錢以供養兄弟學費的情況。

對於教育中的性別平等，《消除對婦女一切形式歧視公約》（CEDAW）第十條給予直接且基本的規定，包括受教育權、針對教育的各項權利，以及受過教育實現的權利，除了要求保障女性在教育環境、教育機會上的平等外，也要因為生理狀況給予女性相對應的教育輔導。

我國過去透過《消除對婦女一切形式歧視公約》、《性別平等教育法》及《教育基本法》等規定，希望透過法律制度，逐步建立「教育上性別平等」。不過，在二〇二二年《消除對婦女一切形式歧視公約》第四次國家報告審查委員會結論性意見和建議中，國際審查委員仍對於偏遠與離島地區婦女的教育、教育中的性別平等、性教育等議題提出許多建議，由此可知，我國距離真正的教育權性別平等還有一段路。

婦女已經享有平等的受教育權利？

幾年前，日本部分大學因為調低女性考生分數以降低女性錄取率的醜聞，遭到日本政府發出警告，從鄰國這樣的事件中，我們也可以回頭觀察，我國婦女是否已經享有平等的受教育權利？

「人民無分性別、年齡、能力、地域、族群、宗教信仰、政治理念、社經地位及其他條件，接受教育之機會一律平等」；「學校之招生及就學許可不得有性別、性別特質、性別認同或性傾向之差別待遇」；「學校不得因學生之性別、性別特質、性別認同或性傾向而給予教學、活動、評量、獎懲、福利及服務上之差別待遇。」《教育基本法》第四條及《性別平等教育法》第十三、十四條都訂定了受教育權性別平等的基本原則，不過，除了法律上的性別平等外，在教育領域的實踐中能否達到性別平等，才是重中之重。

除了女性平等參與教育活動的程度外，也要觀察入學、在學與升學三個層面是否達成性別平等。以各階段學生入學比例為例，從幼兒園至大學階段，兩性就學比例並沒有明顯差距，但來到碩博士階段，就會發現我國就讀碩、博士等高等教育的女性占比雖然逐年提升，但碩士畢業生僅占四十四．四％，博士僅占三十二．三％[1]。

公約第十條第(c)款提到「為消除在各級和各種方式的教育中對男女任務的任何定型觀念」，最明顯的案例就是「男理工、女人文」的性別隔離現象，在二〇一九年的調查中，各學科畢業生中女性畢業生的比例也有懸殊的差距，教育或藝術及人文學科中，女性畢業生約占七十%，但工程、製造或營建學科，女性畢業生僅有十八·九%。這樣的性別隔離現象也延伸到了畢業後的就業市場，像是幼兒園教職員中，女性就占了高達九十八·三%，女性園長占比則為九十五·一%；而各科執業技師的女性人數至二〇二〇年為止，僅占全體的六·六%。

從各項統計數據中，可以看到教育中實質性的性別平等還有待加強。為了避免社會持續塑造和複製性別的不平等，「教育中的性別平等」即扮演了關鍵角色，透過受教育權的平等，使女性獲得與男性平等的受教育權利，獲得相同的教育環境，進而挑戰根深柢固的性別規範，打破性別定性觀念，更可以進一步結合公約中的其他保障，例如政治上平等、法律上平等，逐步消除性別歧視。

在女性進入教室後，是否獲得相同的學習條件就是我們下一步應審視的，《消除對婦女一切形式歧視公約》第十條直接點出了應該保障女性取得學習機會、課程、師資、校舍、設備及受領獎學金與補助金的機會平等。在我國主要都市中也許

1 《消除對婦女一切形式歧視公約》中華民國第四次國家報告專要文件，二〇二二年三月。

很難看出這部分有明顯的差異性，但在二〇二二年「消除對婦女一切形式歧視公約第四次國家報告審查委員會結論性意見和建議」中，特別提出「為婦女，特別是偏遠地區和離島的婦女，提供必要的教育和技能，以消除數位性別落差，使她們能夠更好地探索新數位經濟提供的機會。」在數位化的現代社會，應透過教育消除數位性別落差，進一步弭平經濟、財產上的不平等。

同時，公約第十條第(c)款同時也提到「應鼓勵實行男女同校和其他有助於實現這個目的的教育形式」，但我國目前還是有部分學校採取男女分校的制度，這樣的制度在未來會如何改變，也是值得關注的重點。

教育內容的性別平等你注意到了嗎？

除了制度面應該給予平等外，公約第十條也提到了應該就教學內容保障性別平等，我國在《性別平等教育法》中，更是明確規範主管機關應該要推動性別平等教育之課程、教學、評量與相關問題之研究與發展，也應該在各級學校之教學內容中，融入相對應的性別平等課程。

性別平等課程中，除教導學生尊重不同性別、不同性傾向者，尊重及關懷性／性別的多樣性外，對於性健康、生育健康與權利之教育內容更是不可忽略的，包括對於生理期的知識普及與支援、女性應該如何保護自我、對於性、生育健康與權利、安全性行為、預防早孕及預防性傳染病等，都是重要的課題之一。

透過教育，女生可以學習到應如何防範面對性別暴力、性歧視、性騷擾、性霸凌、性侵害等事件時，保護自身，甚至是如何向外求助等重要資訊。尤其在數位時代中，透過網路媒介所產生的網路性暴力、性剝削等，青春期少女常常面臨以下多種形式的網上迫害：謾罵、散布謠言、威脅、洩露機密資料、圖像／錄影、報復色情、往往來自陌生人的性騷擾和性挑逗。這樣的網路欺凌，對青春期少女有各種各樣的影響，包括可能是輕度或極端的情緒影響、不安全和恐懼情緒，甚至在某些情況下，還會使人有輕生的念頭[2]。

2 消除對婦女歧視委員會第三十六號一般性建議第八段。

同時，針對公約第十條第(f)款所提到的年輕女性可能因為意外懷孕，提早離開學校，也應該對於未成年懷孕之學生提供校外的經濟、托育、安置等協助，使其能夠盡可能繼續就學，以保障其受教之權利。甚至對於成年女性，也應該透過社福機構或醫療院所提供足夠的教育內容，使女性在婚前、婚後、孕前、孕後各階段都可以清楚了解相關的需求、選擇及資源。

體育場上的性別平等

《消除對婦女一切形式歧視公約》第十條第(g)款中也呼籲應該確保女性有同樣的機會可以積極參加體育運動和體育教育[3]。

實際上，我國對於女性運動的支持仍是明顯不足，以二〇二三第二屆東亞青年運動會為例，就曾發生僅派出男子足球代表隊出賽，而女足則不派隊參賽的事件。女性運動員在體育資源、媒體形象與曝光度等，與男性運動員仍有一段差距。基於社會上性別的定型觀念，似乎會有體育是男性專屬事項的錯誤觀念。好在我國仍有許多優秀的女性運動選手在場上發光發熱，例如羽球選手戴資穎、舉重選手郭婞淳等，透過明星選手的曝光，可以吸引更多優秀的女性運動員參與運動。在許多傳統男性為主的運動領域裡，也逐漸有女性教練的參與，例如高中籃球聯賽（HBL）的田本玉教練及謝玉娟教練，都是其中的佼佼者。

但女性運動員在場上需要面對的不單只有資源問題，還包了女性運動員能否在懷孕後重返運動場、因為月經週期影響運動表現等議題。在運動場外，也有運動圈內決策者大多為男性的現象，我國有立委就針對此現象，要求主管機關提出修法評估報告，希望可以達到「體育場域決策權」的性別平等。

教育，是性別平等的基石

我國雖然透過《性別平等教育法》在法制面上完成性別平等的基礎，但在實際

3 關於運動的性別平等，可參考本書第十三章。

的教育現場中應該要更重視性別平等的實踐，透過各種方式、手段、措施來達到實質的性別平等，使女性能夠真正享有、使用同樣的機會、同樣的待遇，而不會輸在起跑線。

當然，我們並不能只單純聚焦在生理性別的面向上，更應該將其他國際人權公約所保障的內容納入，包括性別認同、性傾向，真正達到所有不同性別群體的人都處在平等的狀態為終極目標。而教育正可以透過調整教學課程、環境、機制等措施，促進機會、資源與權利的平等。從教育出發，可以使女性知道自己的權益、爭取自己的權益，來達到法律上、政治上、社會上、經濟上等各種面向的性別平等；透過教育，可以消除性別刻板印象，消除對不同性別一切形式的歧視。

思辨與問答

- 對於傳統觀念中「男性數理能力較佳，女性則擅長語文」的印象，你覺得有道理嗎？這個印象是否曾經影響你對於數理或語文科目的喜愛？
- 對於現在教育體制中的男女分校或男女合校，你覺得有什麼樣的優缺點？
- 是否曾經面臨或接觸過網路性暴力，對於網路媒體上常見的歧視性用語「台女」、「甲甲」、「臭直男」等，你有什麼看法？你覺得為何在網路上會特別容易產生歧視性用語？
- 對於受教育權、教育內容、體育教育的平等，你認為除了法律和政策外，個人、家庭、學校還可以多做什麼？

第十一章：專業無關性別　工作權之平等

一．締約各國應採取一切適當措施，消除在就業方面對婦女的歧視，以保證她們在男女平等的基礎上享有相同權利，特別是：

(a) 人人有不可剝奪的工作權利；

(b) 享有相同就業機會的權利，包括在就業方面相同的甄選標準；

(c) 享有自由選擇專業和職業，提升和工作保障，一切服務的福利和條件，接受職業培訓和進修，包括實習培訓、高等職業培訓和經常性培訓的權利；

(d) 同等價值的工作享有同等報酬包括福利和享有平等待遇的權利，在評定工作的表現方面，也享有平等待遇的權利；

(e) 享有社會保障的權利，特別是在退休、失業、疾病、殘廢和老年或在其他喪失工作能力的情況下，以及享有帶薪度假的權利；

(f) 在工作條件方面享有健康和安全保障，包括保障生育機能的權利。

二・締約各國為使婦女不致因結婚或生育而受歧視，又為保障其有效的工作權利起見，應採取適當措施：

(a) 禁止以懷孕或產假為理由予以解僱，以及以婚姻狀況為理由予以解僱的歧視，違反規定者予以制裁；

(b) 實施帶薪產假或具有同等社會福利的產假，而不喪失原有工作、年資或社會津貼；

(c) 鼓勵提供必要的輔助性社會服務，特別是通過促進建立和發展托兒設施系統，使父母得以兼顧家庭義務和工作責任並參與公共事務；

(d) 對於懷孕期間從事確實有害於健康的工種的婦女，給予特別保護。

三・應根據科技知識，定期審查與本條所包涵的內容有關的保護性法律，必要時應加以修訂、廢止或推廣。

性別可能影響工作嗎？從我們的生活經驗中，顯然答案是肯定的。讓我們從常見的例子開始：有些職場以男人居多、有些則多為女人。而人們常喜歡談論「女主管」與「男主管」之間的差異或者有些職場根本缺乏女性主管、或是女性很難升職、薪資也在性別間出現落差。

二〇二三年的諾貝爾經濟學獎頒給了哈佛大學的克勞蒂亞・高爾丁（Claudia Goldin）教授，她的研究讓我們更清楚看到勞動市場中性別差異的深層原因。Goldin教授發現，女性的勞動參與率在過去兩百年並不是一直穩定上升的，而是呈現出一個「U型曲線」。在十九世紀，當社會從農業轉型為工業時，已婚女性的工作參與率急劇下降；到了二十世紀初，隨著服務業的發展，越來越多的已婚女性重返職場，勞動參與率又開始上升。Goldin的研究還指出，避孕藥的發明對女性的職涯規畫帶來了革命性的改變，讓她們在家庭和事業之間能有更多的選擇空間。

不過，儘管二十世紀的現代化和經濟成長讓女性的就業比例大幅提高，男女之間的收入差距卻仍然沒有明顯縮小。Goldin教授認為，這其中一個原因是，許多女性在年輕時做出的教育和職業選擇，會影響她們一生的職涯發展。而這些選擇往往受到前幾代女性的經驗影響。例如，她們的母親可能在生育和養育孩子期間離開了職場，等孩子長大後才回去工作。這樣的代際影響讓整體社會的變革進展相對緩慢，即便現代社會在變化，女性在職場上遇到的結構性不平等仍然根深柢固，難以改變。

而關於薪資差異，Goldin教授為人所知的研究主張，在現代的高收入國家中，許多國家的女性教育程度高於男性，但男女之間仍然有明顯薪資落差，其關鍵在於「生育」。她指出，在進入職場之初，男女薪資差異並不大，但第一個孩子出生後，女性收入急劇下降，並難以獲得與男性相同的成長[1]。這代表女性因家庭所受的職場限制仍遠高於男性。

這種薪資差異現象的持續存在，以及生育此一事實可能對女性工作產生的影響，顯現了《消除對婦女一切形式歧視公約》（CEDAW）第十一條所強調的工作權平等有多麼重要。

從懷孕歧視到工作的母親

生育對女性工作的影響究竟有多巨大？懷孕歧視在職場上仍然是嚴重的問題，而許多女性面臨著各種與生育相關的職涯影響，例如因懷孕而離職、因懷孕被要求留職停薪，或因短期內有懷孕計畫無法獲得工作。生產後，由於照顧子女的需求，許多母親也難以重返職場、或者只能從事較簡單的工作、被調動到較差的工作崗位等。

由於現在家庭結構不若過去大家族人數眾多，母親可能難以取得育兒之家庭支援、或者托育之費用高於母親重返職場可能獲得之薪資，也都會成為女性重返職場的阻礙。而以二〇二〇年衛福部的數據為例，台灣曾因生育（包括懷孕）而離職者占已婚女性人口的二十二・七%。其中，五十九・九%的女性在離職後重新回到職

1 The Nobel Prize, The Sveriges Riksbank Prize in Economic Sciences in Memory of Alfred Nobel 2023.

場，平均復職所需的時間約為四年五個月[2]。

其實，除了《消除對婦女一切形式歧視公約》，《經濟社會文化權利國際公約》第十條也保障母親在產前和產後合理期間內應獲得特殊保護，包括產假和社會保障。在台灣，如果查閱現行的《性別平等工作法》、《勞動基準法》等相關法律，可以看到一系列關於孕產、育嬰假等相關規定，也有哺集乳時間、彈性工時等規範。除了女性員工本身，其伴侶也享有部分權利。

然而，時有耳聞的案例是，女性員工因懷孕身體不適，屢次請假，或是因有安胎、備產、育嬰等需求長期請假，造成其他同事的工作負擔增加。此時，女性員工所面對的，不僅有來自主管的責難、明示暗示休職或離職，也遭受同事之間的閒言閒語，例如認為懷孕者不適合工作、沒人有必要體諒之類的。這些狀況，即便是女性或其配偶行使已經受到法律保障的孕產假、育嬰假等，仍然可能發生。依據勞動部的「性別勞動調查統計」，事業單位也並非總是遵守這些法律規定。

這些現象的背後，反映出社會對女性的多重壓力。也顯現了懷孕從來就不只是取決於女性個人意願之事，它牽涉到家庭、職場、社會等多方面的因素。要改善女性在職場的處境，必須正視這些系統性的「期待」，使女性也可能在工作與家庭之間取得平衡。

不僅是懷孕，成為母親以後的女性，即便選擇繼續工作，也可能面臨層出不窮的挑戰。除了懷孕和分娩對身心造成的影響，還要面臨日夜照顧寶寶的作息調整需求，以及即便下班仍有一連串家務與育兒責任等著母親完成的現實。在工作上，重返職場本身也並非易事，如果自願或被迫選擇減輕工作負擔，隨之而來的便是升遷停滯與薪資減少等不利益。如果職場環境對育兒更加友善，例如提供彈性工時、育兒設施、設置推動更全面的家庭支持政策，這不僅能減少母親們的壓力，也可以促進她們在職場上有更好地發揮。

《消除對婦女一切形式歧視公約》第十一條要求締約國確保工作上的平等保障，這包括在職場上不受歧視的平等機會、安全與健康的工作環境，並且，國家應

2 洪惠芬，〈《人選之人》不願離婚的女人，害怕失去什麼？〉，願景工程，二〇二三年五月二十四日。

該採取適當措施，解決因家庭責任而影響女性在職場上平等待遇的問題，消除任何因性別或懷孕、育兒而產生的職場歧視。公約旨在確保女性不因懷孕或成為母親而被剝奪工作的權利，使她們在勞動市場上享有和毋需經歷生育事實的男性相同的工作機會，以確保女性也能在職場上有同樣的機會站穩腳步。

二〇二一年台灣大法官做出的釋字第八〇七號解釋，也部分涉及了懷孕與女性工作權的議題[3]。這號解釋處理的夜間工作禁止規定，立法之初是基於社會治安、保護母性、女性尚負生養子女之責、女性須照顧家庭及保護女性健康等考量，勞動部在提供給大法官的意見中，則指出女性勞動年齡和生育年齡的重疊，考量到這段時間的身心負荷健康問題，以及下一代的健康，是保護女性與整體社會的措施。也就是說，雖然條文並沒有寫明與生育相關，但禁止女性夜間工作的規定很大程度地與女性的生育角色有關。

大法官最終在解釋中指出，這種說法是將女性限制在只能扮演特定角色的刻板印象，忽略了教養子女和照顧家庭的責任應該是全體家庭成員共同合理分擔，夜間工作可能造成的負擔和危害，並不限於女性勞工。因此，大法官認定原本的法條違憲失效。

職場中的隱形力量：同工不同酬與玻璃天花板

這種基於性別而存在的限制，其實不僅出現在過去的法律中，職場上的隱形限制仍然經常可見、甚至普遍存在。例如前面曾提及的薪資差異，也展現在同工不同酬的問題。也就是說，即便在相同職位，女性的收入通常比男性低，這種現象在全球依然屢見不鮮。為了突顯這一不平等問題，許多國家設立了「同酬日」(Equal Pay Day)。

同酬日象徵女性需要多工作多久時間才能達到男性在前一年賺取的同等薪酬。以台灣為例，二〇二三年台灣女性的平均時薪為三百一十八元，為男性三百七十三元的八十五・三％，薪資差距為十四・七％。根據這個差距，女性需比男性多工作

3 亦可參考本書第四章。

五十四天，才能達到與男性相同的全年薪資。因此，二〇二四年的同酬日被定在二月二十三日，這比二〇一二年的同酬日落在三月三日，已提早了一些，反映了兩性薪資差距略有縮小的趨勢。而根據勞動部統計，近年來台灣的性別薪資差距雖然低於日本、韓國與美國，但高於歐盟，顯示仍有進步空間[4]。

另一方面，「玻璃天花板」也是為人所知的「隱形力量」。這個詞常用來形容職場中無形的阻力，讓女性難以晉升至高階管理層，即使她們具備同等的能力和經驗。根據近期英國標準協會的研究，還出現了第二層的玻璃天花板——女性因為個人偏好以外的原因提早離開職場，主要的理由仍為健康（包括生育、更年期等）與家庭照顧[5]。

因此，即便有些意見認為，玻璃天花板已經獲得緩解、不是問題，但實際上，這些隱形力量對女性的限制仍然多有所聞。二〇二三年世界經濟論壇（World Economic Forum）的全球性別報告就指出，職場女性的玻璃天花板仍然明顯存在，尤其在理工領域，在最高階的工作層級，非理工領域的女性比例為二十七・五％（入門層級為五十五・六％，多於男性），而理工領域在入門層級就只有二十九・

四%的女性，到最高階層則僅有十二・四%[6]。相關報告也指出，在醫療和法律領域，業內的女性領導階層相當少見[7]。

適合特定性別的工作？

那麼，我們又該如何看待這種職業別的差異？難道真的有比較適合特定性別的工作嗎？

在內政部的《消除對婦女一切形式歧視公約》訓練教材中，有個篇章是「從性別探討空勤機組人員之進用」，其中提及，雖然在資格進用上，都是依專業需求設

---

4 〈台灣兩性同酬日較去年進步四天各國爭取同工同酬案例一次看〉，中央社，二〇二四年二月二十九日。

5 BSI（英國標準協會）, Lifing the Second Glass Ceiling, 2023.

6 World Economic Forum, Global Gender Gap Report 2023, 2023.

7 BSI（英國標準協會）, Lifing the Second Glass Ceiling, 2023.

定所需資格條件，並沒有性別的限制，但實際上女性投入的比例仍然非常低。根據二〇二一年底的統計資料，航空正副駕駛的女性比例為五・一八％。但這種女性偏低的情形並不是台灣特有的現象，美國勞動部統計二〇一八至二〇二一年航空產業中，飛行機師的女性比例為六・五三％。

內政部的資料中，討論了養成教育來源、工作性質等，造成在相關人才庫中原本女性就較少，能選入的人才自然也較少的情形，也使得女性在此職業的比例提升上，遭遇明顯阻礙。資料指出，雖然生理女性的部分條件確實可能有相關影響或限制，例如體型、月經週期等，但養成過程以及工作性質而言，例如因傳統上工程技術類科的工作環境、性質，產生了不同性別對就學就業的選擇差異，又或者相關職業條件「較難吸引女性」[8]。

這裡值得我們繼續思考——除了興趣差異，為何「較難吸引女性」？以機師而言，總是需要「飛來飛去」的特質，是否與女性需要照顧家庭的傳統形象無法相符？這是這份資料沒有特別提及的。相較於傳統上空服員以年輕女性為大宗，機師的年齡分布則更廣。社會對於不同性別的職業形象，或許仍有著不同的期待。

這從對小學生的職業問卷調查也可以窺見一二，為什麼小學男生和小學女生總是想要做不同的工作？以二〇二三年《國語日報》報導的兒少大未來問卷調查來看，小學男生想要成為電競選手、職業運動員、程式設計師，女生則想成為畫家（插畫、漫畫、電腦動畫）、歌手或演員、麵包糕點師[9]。這些差異究竟從何而來？是興趣或者社會的期待？興趣是否也是順應著社會期待而生？

當然，特定職業的性別分布不均並不是罪大惡極的事，這樣的職業至今仍所在多有，如幼教老師、工程師、護理師、司機、祕書、甚至，政府首長——真正的問題是，這種不均為何而來？如果少數性別希望從事這個職業，會遭遇什麼困難？制度上和現實上的限制、還有社會所施加的期望，這些應該如何克服？甚至，即便已經來到了相同的工作崗位，也可能面臨他人的質疑，例如女性機械工程師被客戶認為不如男性工程師專業、或無法獲得同等尊重及待遇，例如客戶毫不猶豫地稱呼男

---

8 內政部消除對婦女一切形式歧視公約（CEDAW）教育訓練教材，二〇二二年六月修訂版。

9 李庭芝、張彩鳳、莊舒仲，〈二〇二三兒少大未來問卷調查　小學生組　男生最想當電競選手　女生首選是畫家〉，《國語日報》，二〇二三年四月四日。

性律師為律師、但女性律師就會被稱呼為「小姐」。

儘管從生理條件而言，可能存在特定性別較具優勢的工作，但重要的是，選擇職業的自由不應該受到性別限制，並且，在特定職業中，無論性別，應該能獲得適當的工作條件與環境。公視節目《誰來晚餐》曾經訪問台鐵第一位女司機員邱千芳，她在剛開始工作時，由於沒有女性專屬的休憩空間和衛浴間，還需要與其他男性共用，但現在硬體設備已經全面改裝。身爲特定工作中的性別少數，在環境上可以獲得合理的環境與制度支持，也是非常重要的一環。

古老偏見的新變種：求職平等的新挑戰？

隨著社會進步，過去在工作權上的性別不平等逐漸改善，但在科技發展的影響下，新的挑戰也隨之而來。

資料與不透明的演算法模型可能放大人類的偏見，最著名的例子是亞馬遜（Amazon）自二〇一四年起使用的實驗性招聘工具。這個工具的目的是自動化尋找頂尖人才，但卻發現當履歷中出現「女性」一詞時，演算法會降低對該求職者的評價。造成這種現象的原因在於，以往訓練模型的履歷大多來自男性，這反映了男性在科技業的主導地位，並使這種優勢透過自動化工具持續延續。因此，如何確保演算法的公平性、透明性及可解釋性，成為當前亟待解決的挑戰，也是我們在這個新時代必須面對的重要任務。這些問題不僅與技術進步有關，更牽涉到社會結構中的性別歧視，這也讓推動性別平等相關理念顯得格外重要。

公約第十一條強調了消除職場性別歧視的必要性，特別是確保女性在就業及職業晉升上不受歧視。除了傳統的挑戰，透過落實這些原則，我們才能在新科技時代真正實現性別平等，確保所有求職者都能在公平的環境中競爭。而要實現真正的性別平等、滿足第十一條所刻畫的各種要求，我們需要從教育、政策、企業文化等多方面著手，打造一個能夠支持多元化與包容性的工作環境。

思辨與問答

- 在求職面試時，雇主可以詢問女性是否有生育計畫嗎？這可能產生什麼問題？
- 科技業有比較多男性工作者，可能是什麼原因造成的？女性在科技業中會面臨什麼挑戰？
- 在你的觀察中，哪些行業的性別不平等問題較為嚴重？為什麼？有什麼可能的解決方案？
- 你認為什麼樣的工作環境可以支持婦女安心的生育？雇主需要採取哪些措施？

第十二章：我的身體誰做主？　健康權之平等

一．締約各國應採取一切適當措施以消除在保健方面對婦女的歧視，保證她們在男女平等的基礎上取得各種包括有關計畫生育的保健服務。

二．儘管有本條第一款的規定，締約各國應保證為婦女提供有關懷孕、分娩和產後期間的適當服務，必要時予以免費，並保證在懷孕和哺乳期間得到充分營養。

健康權是經濟、社會及文化權利中一項相當重要的權利，攸關個人能否達到最高可得的身心健康狀態、面對並處理生活中各種風險，以及維持適當的生活水準，因此《消除對婦女一切形式歧視公約》（CEDAW）第十二條就要求國家應盡力消除在保健方面對女人的歧視。

消除對婦女歧視委員會在一九九九年通過關於「婦女和保健」的第二十四號一般性建議，其中特別強調攸關生育與孕產的健康資訊、教育及服務是女人專屬的健康需求，若國家疏於提供或監管品質及安全的話，也會因為「忽略女性需求」而構成保健方面的性別歧視。白話來說就是不能因為男人不需要，就不認真看待。

根據《消除對婦女一切形式歧視公約》每次的國家報告，政府很喜歡提全民健保納保率的女性比例，用以「證明」我國女人的健康權已獲相當之平等保障。近來也常拿二〇一八年啟動的「婦女健康行動計畫」來說嘴，但甚少提及女人較差的生活品質與心理健康，以及活在重大疾病或慢性病中的時間也較男人長，對許多法規中仍存有對女人生育能力及生育自主的嚴密管控，似乎也不知道該怎麼辦。

女男健康不平等，需透過政治意志消弭性別偏見[1]

女人的身體經常是傳統文化與進步政治之間的戰場，女人的自主性與選擇往往不在以男人為主導的國家視野中，而主流社會中的女人若自詡承襲傳統的捍衛者，也不一定會以自己或其他女性同胞的權益為考慮核心。因為如此，一九七九年的《消除對婦女一切形式歧視公約》中有不少規定來支持革除傷害女人陋習或文化實踐的舉措，以保護女人的身體自主與身心健康。

一九九〇年通過「女性割禮」的第十四號一般性建議中，消除對婦女歧視委員會提到女性割禮（female circumcision，又稱女陰殘割，female genital mutilation）和其他對女人健康有害的傳統習俗仍普遍存在，許多國際間政府組織及非政府組織做出多份研究報告，發現女性割禮對婦女與兒童身心健康都造成嚴重負面後果。流傳該習俗的社會（主要在撒哈拉以南、北非及中東等地區）都有婦女權益團體積極爭取立法禁止或規範相關作法，但文化與經濟等壓力也助長了女性割禮繼續存在。因此，委員會建議各國透過立法支持相關倡議並舉辦適當的教育及研討活動；時至今日，各國大多已明令立法禁止這類風俗，只是成效不彰。

1 部分參考「台灣女人連線」及其二〇〇四年創立之「台灣女人健康網」相關文章。

除了直接針對女人身體造成傷害外，性別歧視也會導致女人無法獲得應得的醫療服務。消除對婦女歧視委員會一九九〇年針對「各國防治愛滋病的策略避免對婦女造成歧視」做出第一五號一般性建議。當時世界上仍有許多國家對女人只實施貞潔至上的性教育，在家中屈於從屬地位的女人沒有能力要求異性伴侶戴保險套，女人也普遍出於性羞恥疏於篩檢或接受治療，因此在回顧聯合國各機構的調查報告後，認為各國應加強宣導愛滋病毒及性別歧視交互作用後對女人造成的危險，世界衛生組織甚至將一九九〇年世界愛滋日的主題訂為「女人與愛滋」。

直到一九九九年，消除對婦女歧視委員會才直接針對公約第十二條的規定做出關於「婦女和保健」的第二十四號一般性建議，其中強調雖然生理性別的生物性差異可能導致健康狀況不同，但也有部分社會性的因素，對男人和女人的健康狀況產生決定作用，因此「性別」也被視為健康的社會決定因素（social determinants of health）之一，再加上其他導致社會不平等的原因（如種族、國籍、階級、年齡、障礙或居住環境等）相互作用，都會使特定女性群體受到極度弱勢且健康處境不利的狀況。委員會要國家正視這些問題，並確保消除妨礙女人獲得適當的保健服務、教育及資訊等所有不利條件。

在這方面，台灣於二〇一八年提出了「婦女健康行動計畫」，每年蒐集各部會辦理相關方案的成果與人力、預算之配置情形，設有一百六十四項測量指標，特別關注原住民、新住民、障礙者等女性群體的身心健康狀況並推出健康促進方案，比如各地方政府的衛生局會在社區心理衛生中心提供諮商服務，尤其針對身心障礙婦女及身心障礙者的照顧者或家人。為了提升醫事人員的性別意識，《醫事人員執業登記及繼續教育辦法》也規定從業人員的繼續教育應包括性別議題課程。

根據針對《消除對婦女一切形式歧視公約》落實狀況的第四次國家報告，二〇二〇年孕婦愛滋篩檢服務篩檢率為九十九・八%，共發現四名新的感染個案，但經過適當處置之後，無人生下愛滋寶寶。此外，為了提升孕婦產檢的友善環境，衛生福利部國民健康署也提供了「新住民懷孕婦女生育健康衛教諮詢服務工作手冊」及「身心障礙懷孕婦女生育健康衛教諮詢服務工作手冊」，並要求由各地方政府衛生局提供生育健康衛教與諮詢關懷，並依個案社會福利需求適時轉介社政單位。

然而，誰說生育只是身體的事？國民健康署於二〇一八至二〇二〇年製作了孕產婦心理健康宣導資源素材，特別關注產後憂鬱症的問題。不過，誰說生育只是女人的事？在各倡議團體積極奔走下，衛生福利部終於開始提供「準爸爸」衛教與培訓，了解孕產狀況及可能面臨的健康風險並為共同育兒作準備。這些看似是為了健康而做，但也在消除關於孕產的性別偏見與「女人即生育機器」的傳統觀念。

台灣還有一部世界首例的進步立法，以女人為主體，「公共化」生產風險及其救濟方式——在台灣女人連線等團體努力倡議下，終於促成二〇一五年通過《生產事故救濟條例》，目的在於「確保產婦、胎兒及新生兒於生產過程中發生事故時能獲得及時救濟，減少醫療糾紛，促進產婦與醫事人員之夥伴關係，並提升女性生育健康及安全。」生產事故常引發醫療糾紛甚至訴訟，導致醫病關係緊張，也對孕婦和家人造成極大耗損。

立法前，衛生福利部就在二〇一二年推出「生育事故救濟試辦計畫」，採用「無過失補償」的原則，幫助數百個家庭度過難關，產科的司法訴訟鑑定案件數也大幅減少。二〇一九年衛生福利部修正「生產事故救濟作業辦法」，提高各種事故狀況的救濟額度。因此，該法通過有兩大重要意義：生產不僅是個人之事，且國家應承擔生產風險並促進醫療安全，以確保生育中的女人無後顧之憂。生產過程中無法預測的風險所導致母胎嬰的傷亡，對產婦及家庭來說是難以言喻之痛，女人雖是生育事故傷害唯一的承擔者，但不該讓她們單獨承受後果及影響。

女人的身體健康，不該是宗教與政黨政治的戰場[2]

二〇二二年美國聯邦最高法院針對「多布斯訴傑克森女性健康組織案」（Dobbs v. Jackson Women's Health Organization）做出判決。該案主要爭點出於密西西比州對十五週胎齡後禁止人工流產是否違憲？最高法院多數意見駁回一九七三年「羅訴韋德案」（Roe v. Wade）及一九九二年的「賓州東南部計畫生育組織訴凱西案」（Planned Parenthood v. Casey）兩案判決，認為美國憲法並未承認人工流產的權

2 部分參考李柏翰、張竹芩，〈被偷走的人工流產自由：「多布斯訴傑克森女性健康組織案」之國際人權法律評析〉，《醫藥、科技與法律》，二十八卷一期，二〇二三年四月，頁九十三—一四六。

利，規範人工流產的權力應交還人民及民意代表，由各州決定。

一九六九年年僅二十一歲的羅（Jane Roe，化名）尋求人工流產，但她所在的德州法律規定，只有在孕婦生命受到威脅時才允許人工流產，其他一律禁止。隔年，羅提告達拉斯郡地方檢察官（Wade），主張德州禁令違憲。德州北區地方法院判羅勝訴後，檢方上訴最高法院。一九七三年最高法院以美國憲法第一四條修正案中「正當法律程序」下隱私權保障人工流產的自由。該判決還定出三孕期標準：懷孕未滿三月時，孕婦能全權決定是否繼續懷孕；四到六月時，各州得規範人工流產但不能禁止；七到九月時，各州得禁止人工流產，除非繼續懷孕會傷害孕婦健康甚至死亡。

該判被視為美國婦權運動的重要里程碑。美國自二十世紀以來幾乎是全面禁止人工流產，但當時人工流產鮮少被視為公眾議題，直到一九六〇年代婦女解放運動及性解放運動才引發生育權及人工流產自由的討論。因接受非法流產而死亡的悲劇時有所聞，因此女人們開始成立互助組織來因應人工流產的問題，但也經常被警察攻堅逮捕、面臨牢獄之災。

羅案之前，民主黨及共和黨在此議題上的意見並無明顯差異，如共和黨的加州州長雷根在一九六七年簽署了當時全國最高的人工流產保障。羅案判決出爐後，共和黨的福特總統持反對立場，但第一夫人卻十分支持，反倒時任民主黨參議員的拜登表達擔憂。羅案前後，全美最大的基督教新教教會美南浸信會都明確表達支持人工流產，而共和黨候選人尼克森在一九七二年競選總統時，為獲天主教徒和保守民眾支持才開始採取反人工流產的立場。尼克森當選後，共和黨延續此路線，並以反對人工流產來拉攏立場相近的教派。

一九七〇年代末期，種族主義激進團體三K黨成為反人工流產的主力，認為人工流產就是種族自殺（殺掉自己人），那反對人工流產的天主教就是種族主義盟友（白人越多越好）而非敵人。至此，反人工流產成為保守教派跟白人至上種族主義結合的契機。他們的結盟到一九九〇年代讓反人工流產運動越來越暴力——公開醫護人員個資、跟蹤、攻擊、甚至謀殺這些醫護人員，這些診所也遭到縱火。也是從那時開始，民主共和兩黨對人工流產權利的支持與反對出現了明顯分歧。

時間拉到二〇一八年，密西西比州通過限制十五週以上的人工流產禁令，該州唯一人工流產診所傑克森婦女健康組織狀告州政府衛生署署長多布斯（Dobbs）。上面提到的一九七三年羅案判決認為女人在懷孕前三個月內享有不受干預、自由選擇人工流產的隱私權。爾後一九九二年的凱西案中，法院再次肯認人工流產權，但改採「胎兒在母體外的存活能力」為標準（通常指懷孕二十四週後），在那之前所有法律限制都成為侵害女人權利的額外負擔。傑克森婦女健康組織原本屢屢取得勝訴，直到聯邦最高法院推翻近五十年前的羅案和三十年前的凱西案。

最高法院認為制憲者不可能承認人工流產的權利，而羅案判決也不符一九七〇年代的主流民意，有違民主原則，因此取消聯邦層級的權利，讓各州自行決定人工流產法規。然而，《消除對婦女一切形式歧視公約》第十六條第一項第(e)款明文承認女人「自由負責地決定子女人數和生育間隔」的權利，常被援引為人工流產的合法依據，視人工流產的自由為實現生育權利（包括生育健康）的重要目標。根據第十二條，國家應採取一切措施消除在保健方面對女人的歧視，確保她們在平等基礎上取得各種「包括有關計畫生育」的醫藥介入手段及健康服務。

消除對婦女歧視委員會將「拒絕只有婦女需要的醫療程序，如人工流產」視為性別歧視，故國家欠缺相關立法將構成健康權的不平等。關於「對婦女的暴力行為」的第十九號一般性建議更要求各國應確保懷孕婦女不會因為缺乏節育服務，而被迫尋求不安全的醫療手術（如不安全的人工流產）。關於「婦女和保健」的第二十四號一般性建議也提到，國家應從女人的需求及利益出發，設計、規畫並實施具性別敏感度的衛生政策，比如針對人工流產欠缺保密與隱私保障，將使「婦女不願尋求諮詢和治療，從而對其健康與福址產生不利影響」。

在多布斯案審理的過程中，法院收到一百五十幾份法庭之友意見書，可見其爭辯之激烈，其中一份是由聯合國人權專家提出的，重申國際人權公約建構出對人工流產權的保障，包括不干預個人自主及確保相關措施的安全性與品質。自一九七三年的羅案判決五十年後，美國聯邦最高法院竟然出於「十八世紀國父們不會支持人工流產」的理由，推翻了相關權利的憲法保護，這其實也違反了「人權保障不得倒退」的國際人權法原則。

因此，二〇二二年的判決草稿一經媒體披露，就引起了全世界軒然大波，批評者認為此舉已大規模地影響了美國婦女近半世紀好不容易爭取到的性別平權進程，也惟恐為各地的反性別運動提油加火。

思辨與問答

- 從《優生保健法》到《人工生殖法》，從月經貧窮到人工流產限制，再到單身無法取出「凍卵」，在台灣，不僅婚育緊緊扣連，女人的身體、健康及生育決定往往由不得自己。你認為哪些限制可能合理，哪些又完全沒道理呢？
- 為了實現健康及醫療領域中的性別平等，國家、主流社會（尤其男人們）及保健專業場域中的從業人員都該先培養相當的性別意識，注意到生理上與社會意義上的差異是相互關聯的。你能試著提出一個例子來說明這件事嗎？

第十三章：打破日常中的玻璃牆　經濟與社會福利權之平等

締約各國應採取一切適當措施以消除在經濟和社會生活的其他方面對婦女的歧視，保證她們在男女平等的基礎上有相同權利，特別是：

(a) 領取家屬津貼的權利；

(b) 銀行貸款、抵押和其他形式的金融信貸的權利；

(c) 參與娛樂生活、運動和文化生活各個方面的權利。

經濟與社會權利的範圍很廣泛，《消除對婦女一切形式歧視公約》（CEDAW）特別列出了幾項重要權利，例如領取家屬津貼、獲得信貸的權利，以及參與文化生活的權利。在這些領域中，女人的確常受到有形和無形的不平等待遇。例如，因生育而中斷職業生涯的女性，由於缺乏收入，可能在申請貸款或創業貸款時面臨困難，所獲得的額度——即便相關規定是性別中立的——也會因而受到影響。又例如校園中的籃球場儘管沒有性別限制，但總是成為男同學的天下，成為男性化的運動空間，也值得我們反思空間與性別權力的關係[1]。

其中尤其應該特別注意不同處境的女性，包括原住民族、身心障礙者、農村婦女、低收入戶、外籍人士、新住民、曾有受家暴、性暴力、性騷擾等經驗的女性、擔任家庭照顧者的女性、育兒中的女性等。例如第二十七號一般性建議指出，高齡婦女特別需要關注。許多信貸方案對年齡設有限制，而許多活動範圍主要集中在家庭內的高齡婦女或農村婦女，難以參與各種文化和娛樂活動，從而與外界隔絕，影響她們的生活品質及健康。她們面臨的參與障礙有多方面的原因：可能缺乏適當的交通方式，例如並沒有無障礙的公車路線行經，或因家庭照顧的負擔和期待而無法參加活動。

針對相關情形，在第四次國家報告中，針對《消除對婦女一切形式歧視公約》第十三條要求的經濟與社會福利權之平等，政府表示我國女性與男性同樣享有領取家屬津貼、申請銀行貸款和其他形式金融信貸的權利，並提供女性與弱勢族申請貸款和創業貸款的資源。此外，國家報告也提及，在台灣不同年齡層的女性參與社會文化與志願服務的情形普遍較男性為多。

這樣的描述相當正面，實際上，在經濟與社會福利權的平等落實上，我國確實有些值得肯定的進展，但也仍有非常多有待平等的陽光照入的角落。而經濟與社會福利權所涉及的層面包山包海，以下我們以幾個國內外的實例，一起思考在這些場域的性別平等，仍有什麼明顯需要加強之處。

信貸歧視：當性別不是考量因素？

自信用卡制度在這世界上出現以來，經歷了一段時間女性才開始擁有獨立的

1 徐珊惠，〈從校園運動空間探究性別平等教育的可能實踐方案〉，《學校體育》，第一七六期，二〇二〇年。

信用卡。以美國為例，一九七四年，美國國會通過了《信用機會平等法》（Equal Credit Opportunity Act），明文禁止在信用評分中基於性別和婚姻狀態進行歧視。此後，女性才開始能夠獨立擁有自己的信用卡，不再依賴男性伴侶[2]。而在台灣，信用卡發行初期，基於薪水和財力證明的限制，許多女性是以配偶的附卡消費。一九九五年，眼見女性消費者的經濟狀況提升，台新銀行發行了第一張專屬女性的信用卡「台新玫瑰卡」，建立了強調女性的信用卡市場[3]。

不過，金融機構在進行信貸額度認定時，儘管標準維持了「性別中立」，在審查結果上，卻可能對女性造成較不利結果。

二〇一九年，高盛和Apple合作發行的信用卡Apple Card就引發了性別歧視的爭議——儘管高盛強調，不同的申請者，獲得不同的信貸額度是很正常的事。一位丹麥創業家表示，他與妻子共同報稅、同住，獲得的信用額度卻是妻子的二十倍。也有許多人表示遇到類似狀況，女性的收入與信用分數都比丈夫高，卻獲得較低的核准額度。後來，連Apple創辦人之一也表明了這種狀況。但高盛仍聲明，他們不會將性別是為信用額度核准時的考量。在丹麥的例子裡，妻子隔日就獲得了相同的額度——但這也進一步顯示了演算法黑箱，以及這種狀況並非給予其他女性相同對待的爭議[4]。

貸款困難一直是國際上女性面臨的困境——無論是真的還款能力有限或是難以解釋的演算法問題。換句話說，即便是性別中立的審查，仍然可能基於女性本身條件，例如因生育而離職已久的全職主婦，在信貸申請的條件上可能就會有些窘迫。因此，特殊的協助制度或資源是消除這種事實上不平等的重要手段。在現今金融業隨時代邁向演算法審查的趨勢下，如何確保演算法的性別中立，也是需要重視的新挑戰。

我們在下一章會討論到，曾獲得諾貝爾和平獎、為窮困人口賦權的「微貸」制度，如何為鄉村女性帶來希望、卻又引來更多問題。在此，先來談談台灣政府對女

2 〈女性信用卡〉，台灣女人。

3 同註2。

4 曾彥菁，〈蘋果創辦人：AppleCard演算法性別歧視　妻子信用額度僅我的十分之一〉，未來城市@天下，二〇一九年十二月二日。

性創造獨立經濟安全環境的輔助資源。

女性創業：協助起飛的鳳凰貸款與飛雁計畫

女性創業逐漸成為全球經濟發展的重要驅動力之一，越來越多女性打破了傳統性別角色，許多女性企業家在各行各業展現了卓越的創新與領導才能。有些說法認為這些女性「不輸男性」——但其實本就不應該預設女性的工作能力「輸給男性」。而女性創業過程中，時而需要面對結構與規則歷來由男性主導設計的環境中各式各樣的挑戰，包括金融資源、社會文化偏見以及資源與網絡的缺乏。不過，針對這樣的現象，政府的政策也採取了一些因應，期待可以開拓更多元包容的經濟環境。

微型創業鳳凰貸款是政府為了紓緩婦女、離島居民及中高齡者於創業初期的資金壓力所辦理，並提供利息補貼、免保證人、免擔保品的制度，以利於申請者穩建經營，並且也提供免費的創業諮詢輔導。勞動部指出，自二〇〇七年推動開始，第一個十年便輔導了約四千位婦女創業，而每一位微型鳳凰創業計畫都有自己的故事，這樣的資源是協助女性在經濟領域勇敢逐夢、展翅[5]。

女性創業飛雁計畫則是由經濟部中小及新創企業署推動，旨在依循二〇一四年APEC宣言的精神，為女性創業者在各階段提供全方位的支持。這個計畫根據不同創業階段，嘗試為女性量身打造多元化的輔導與資源服務，提供實務培訓和課程，也整合政策優惠，幫助創業者更快掌握商業機會。此計畫以「大雁帶小雁」的模式，聯結上下游產業鏈，透過商機媒合、創業資源串聯，持續推動女性創業者的成長；也透過每年舉辦的女性菁英選拔，更表彰優秀的女性創業家，塑造一個更具包容性和支持性的創業環境，激勵更多女性走上創業之路，讓女性在經濟和創業領域發揮更大的影響力。

不過，儘管情況有所改善，女性創業者依然面對許多不平等的騷擾與挑戰，例如律師洪瑄憶曾在新北青年局舉辦的青創小聚中提及女性創業的困擾：「股東追求

5 勞動部新聞稿，〈勇敢築夢綻放人生勞動部助微創鳳凰精采展翅〉，二〇一七年八月十日。

不成反查帳」、「拓展業務卻被客戶性騷擾」、「被合作司機跟蹤騷擾」屢見不鮮[6]。這些問題，在各行各業都可能以不同形式出現，如何突破，恐怕還需要透過更多的教育、宣導以及相關政策等，使社會的性別意識更加提升，確保女性的經濟以及人身安全。

文化領域的性別衡平

除了經濟領域，在文化領域，性別平等也是有待努力的目標。二〇二一年國立台灣文學館就曾做出性別分析報告，其中指出過去該館的典藏、出版物和活動，女性作家的比率僅為三十四%。

報告認為，這和早期文學領域中，文化資源分配主要由男性掌握有關，也與女性的資源較少、女性文學能見度較低、地位不受重視有關。因此，館方曾在二〇一七至二〇一八年間舉辦了一系列「閱讀女聲」的相關活動，使民眾了解女性作家的詩文作品，二〇一九年起則進一步深耕，在不同的展覽中融入性別議題，提升女性作家的發表率和作品的能見度，提升女性的文學地位；也出版同志文學的兒童繪本、探討聽障的同性婚姻議題等，使民眾聽見邊緣群體的聲音，創造更多元的文化參與環境。

而文化部歷來的性別平等推動計畫，也以推動去除性別刻板印象偏見為目標，本書經常引用的「台灣女人」網站，便是目前隸屬文化部的國立台灣歷史博物館搜集、整理女性史料，自二〇〇三年起迭代建置而成。而以文化部二〇二二至二〇二五年期的性別平等推動計畫為例，其中指出，文化、民間信仰和傳統習俗對民眾生活的影響深遠、並且持續複製與傳承，這可能造成性別平等的挑戰。

針對文化禮俗、藝術活動部分，目前已有「民俗文化資產性別平等檢視表」，在辦理重要民俗訪視時，會由民俗保存團體填寫內容，送請性別平等專家學者進行檢視、提出建議，供民俗保存團體參考。比如無論是漢人社會或是西方，都有將擁

6 唐可欣，〈《青創小聚》用真實案例分享，談女性創業如何戰勝文化障礙〉，新新聞，二〇二三年九月十八日。

有月經的女性視為「不潔」象徵的情形，被禁止與神聖性活動接觸[7]，例如生理期間的婦女不能參加祭祀。習俗上，坐月子期間不能出門雖然名為調養，實則也與生產時流出的是積存數月的經血，不潔程度更加嚴重有關[8]。

這種對民俗與傳統的性別平等檢視，學者陳金燕曾帶領研究小組進行了台灣重要民俗文化資產的性別平等檢視相關研究，並以《消除對婦女一切形式歧視公約》為參考標準。研究小組發現，有些民俗也或多或少因應時代變遷，著手規畫一些變通，試圖改善歧視女性的現象，例如部分活動以「擲筊」請示，進行調整或破例，使女性得以突破原有禁忌，並以神明之意，止消不少人為紛爭[9]。

運動場的性別爭議

《消除對婦女一切形式歧視公約》追求女性在參與娛樂生活、運動和文化生活各個方面享有平等權利，可見體育也是重要的一環。

前面提到了籃球場成為幾乎男同學專屬場域的情形，台中市教育局二〇一七年對此曾推動「性別友善球場」計畫，意在鼓勵女學生多使用球場，但曾發生有國小使用「優先禮讓少數性別使用」詞句，卻引來傳統家庭組織認為這是同性戀者優先使用的球場，造成風波[10]。相對於此，韻律教室就被認為是屬於女學生的空間，惟當女學生想要投籃、男學生想要練習舞蹈，不應受到性別刻板印象的限制，而該獲得適當的空間從事自己有興趣的運動。

從校園文化開始，延伸至職業運動員的環境，也有諸多值得我們關注、深思的議題。以職業籃球為例，女性籃球員可以獲得的資源經常不若男籃，儘管市場考量下，女籃的觀眾數可能不比男籃，但這應該是球員福利打折的理由嗎？二〇二四年

---

7 參考本書第三章。

8 參考翁玲玲，〈漢人社會女性血餘論述初探：從不潔與禁忌談起〉，《近代中國婦女史研究》，第七期，一九九九。

9 陳金燕，〈台灣重要民俗文化資產的性別平等檢視〉，《女學學誌》，第十二期，二〇一三。

10 江欣惇、吳文鐘，〈由運動場域中的粉紅場地標線論性別平等運動空間的推動〉，《性別平等教育季刊》，二〇二二年十一月十日。

的瓊斯盃，籃球工會發起了「黑色行動」。這是因為中華民國籃球協會給予球員的出賽費基於性別而有所差異，男選手出賽費每場五千元、女選手則為三千元。在民眾身著黑色上衣、女籃球員以黑色肌貼的行動後，中華民國籃球協會表示願意在出賽費之外，提供瓊斯盃女籃每位球員兩千元的激勵獎金，補足出賽費[11]。這樣的結果仍然令人疑惑，何以女籃必須以「激勵獎金」的方式，才能達成和男性相同的出賽費用？

二〇二三年，台灣的女子足球也遭到無預警終止、球員的津貼斷炊，發生爭議，而桃園市府體育局在同年，基於資源有限，決定將資源用在桃園的不同男子球類運動隊伍。這些情形，即便是出於商業考量，但應該肩負維護選手權益的協會與相關政府單位，真的可以用市場因素為基礎，做出性別差別待遇嗎？

另一方面，棒球場上，「男生打球，女生加油」的文化已經可以說是近年中職的形象。女性在場邊、局數中間找到了舞台，吸引了大量關注，似乎代表球場是女性也可以參與的場域。然而，啦啦隊終究是比賽的配角（或許有人不同意），而「女生負責跳舞加油」的性別分工，是物化女性、還是讓女性找到展演舞台，對性別平等的意涵究竟為何，恐怕值得深思。不過，另一個現象是，即便啦啦隊員女性居多，歷來應援團長卻仍以男性為多數[12]。

當然，啦啦隊女孩在球場散播歡樂與愛，人氣高漲是不爭的事實。在市場考量下，「性別對調就沒人要看了」是個可能的抗辯。不過，所謂的性別對調也是將性別的想像限制在二元框架的說法，而真正問題是，我們的環境可以支持每一個人不分性別，都有合理的機會以不同角色參與在這些運動場上嗎？

二〇二四年的巴黎奧運是首次女性運動員的數量不少於男性運動員，整場奧運也以紫色等非傳統「陽剛色調」為主，強調女性運動員的角色與貢獻。然而，同一屆奧運中，如台灣拳擊選手林郁婷的性別爭議，也引起國內外關注——根據媒體報導，因為選手的外型「不若傳統女性」，遭到許多社群平台用戶質疑其參與女性比

11 黃乙純，〈女足津貼斷炊到女籃「黑色行動」，運動員同工同酬平權之路有多遠？〉，報導者，二〇二四年七月十日。

12 參考陳子軒，〈男生打球，女生加油？中職「啦啦隊之必要」的運動性別分工意涵〉，報導者，二〇二二年八月十九日。

賽項目的資格。然而，無論是生理性別認定或性別認同，為什麼需要由網友或是名人來定義妳是不是女人？為什麼要透過說明「會穿裙子」、「有陰柔氣質」證明自己是女人？什麼是女人？女人一定要有特定的外貌與穿搭嗎？經歷巴黎奧運的相關爭議，顯示人們對運動場上的女人仍有特定的刻板印象與期待，或許也是檢討的另一次起點。

經濟與社會福利權與我們的日常生活息息相關，也正可能因此，有許多我們從未想過的「預設」其實也是不平等的一環。無論是女人在經濟環境面臨的不平等機會，還是社會福利資源的分配，甚至是每日經過的公共空間，這些制度設計都可能對特定群體造成不必要的無形壓力。

《消除對婦女一切形式歧視公約》強調消除這些歧視性障礙的重要性，此外，公約也關注男女在享受一切經濟、社會及文化權利方面的平等權利，這些國際公約要求各國在經濟與社會政策中確保性別平等的落實，尤其也應注意到表面中立的措施，才能打破這些「預設」，真正實現公約所倡導的平等社會。

思辨與問答

- 許多女人因為生育，處在家庭中經濟的弱勢，也影響到金融機構以「性別中立標準」放貸時女人的處境，你認為有什麼方法，可以緩解這種現象？
- 你有沒有參加過民俗、宗教活動？是否曾觀察到什麼「歧視女性」的傳統嗎？你認為可以怎麼改變這種不平等？
- 部分健身房設有女性專區，提供女人更安心、安全的運動空間。然而，有意見指出這種設計並不合理——為什麼相同的費用，女人可以有獨立的空間？你有什麼看法？

第十四章：別讓這裡成為化外之地　農村婦女的權利

一．締約各國應考慮到農村婦女面臨的特殊問題和她們對家庭生計包括她們在經濟體系中非商品化部門的工作方面所發揮的重要作用，並應採取一切適當措施，保證對農村婦女適用本公約的各項規定。

二．締約各國應採取一切適當措施以消除對農村婦女的歧視，保證她們在男女平等的基礎上參與農村發展並受其益惠，尤其是確保她們有權：

(a) 參與各級發展規畫的擬訂和執行工作；

(b) 利用充分的保健設施，包括計畫生育方面的知識、輔導和服務；

(c) 從社會保障方案直接受益；

(d) 接受各種正式和非正式的培訓和教育，包括有關實用讀寫能力的培訓和教育在內，以及享受一切社區服務和推廣服務的益惠，以提高她們的技術熟練程度；

(e) 組織自助團體和合作社，以透過受僱和自營職業的途徑取得平等的經濟機會；

(f) 參加一切社區活動；

(g) 有機會取得農業信貸，利用銷售設施，獲得適當技術，並在土地改革和土地墾殖計畫方面享有平等待遇；

(h) 享受適當的生活條件，特別是在住房、衛生、水電供應、交通和通訊等方面。

陽光灑落在忙碌的農田上，農村婦女的身影融入其中，她們農村勞動的關鍵角色，然而，儘管她們肩負從農務到家務各種勞動，但她們的貢獻卻遠被低估，成為「隱形的農人」，相關權利的落實更是充滿挑戰。在《消除對婦女一切形式歧視公約》（CEDAW）中，農村婦女有一條自己專屬的條文，占據了特別的一席之地——究竟為什麼公約特別強調農村婦女？

為什麼公約特別提及「農村婦女」？

《消除對婦女一切形式歧視公約》作為保障全球婦女權益的國際法文件，特別提及「農村婦女」，反映出這個群體在全球性別平等進程中所面臨的特殊挑戰。農村婦女，長期生活在社會和經濟的邊緣地帶，她們既是家庭和社區的支柱，也是全球糧食供應鏈的重要成員。然而，她們在土地權利、教育機會、醫療保障和社會參與等方面，往往遭受多重歧視和不公平對待。

《消除對婦女一切形式歧視公約》的第十四條特別強調農村婦女，因為她們在許多國家和地區處於極為脆弱的境地。農村的傳統性別角色可能限制了她們的自我實現，而在全球化的競爭下，經濟資源的匱乏和基礎設施的落後更可能進一步加劇了這些困難。這使得農村婦女的生活狀況和權益保障不僅僅是性別平等的問題，更是經濟、社會和文化權利能否普遍實現的重要指標。

婦女的勞動經常被視為家庭的「無償服務」，而農村婦女在田間地頭、家務繁重的生活中默默付出，卻可能難以享有同等的報酬和地位。由於農村社會的法律意識和資源可能較為不足，婦女的土地繼承權、財產權等基本權利經常被剝奪或忽視。在這些不平等中，農村婦女承受著雙重壓力：她們既要面對來自社會和家庭的傳統束縛，又要忍受現代經濟體系帶來的資源分配不公。

因此，公約特別提到農村婦女，是基於對全球性別平等進程中最邊緣化群體之一的關注。這不僅僅是一種國際法的保護，更是一場迫切的行動號召。

台灣農村婦女的狀況

台灣農村婦女所面對的情況，也呼應了《消除對婦女一切形式歧視公約》特別將農村婦女列出的必要性。在農業部的網站便提及，女性從農人口雖較男性為少，但比例上也接近一比一，然而婦女對農務工作與的貢獻經常被低估。

儘管貢獻被低估，農村婦女所承擔的不只是農作及家庭工作，農村婦女還有更多任務，例如中國農村復興聯合委員會遷台後，從一九五六年開始與農會合作進行的「家政推廣工作」，就是以農村婦女為主要參與者，包括衛生改善、家庭計畫、副業訓練、膳食改善、親職教育、家人溝通、老年人生活調適等[1]。換句話說，農村婦女所承擔的可說是全方面的責任。

另一方面，農村產業推動也有被稱「女力崛起」的現象——農村婦女在農業經營上開創副業、發揮家政所長，增加經濟收入、改善生活狀況。「農會家政班」自一九五〇年代以來成為農村婦女學習的重要管道，一九八〇年代後強化副業輔導、證照考取等[2]，二〇〇一年農委會輔導成立的「田媽媽經營班」，在帶動地方產業與休閒農業、提升副業收入等方面，也展現了具體成效。

1 參見農業知識入口網。

2 〈農會家政班與婦女〉，台灣女人。另參考陳玉華主編；林如萍撰文，〈深耕在地：台灣家政推廣的發展與展望〉，《農事推廣暨台灣農業推廣學會六十週年專刊》，台北：台灣農業推廣學會，二〇一五，頁五十八—七十一。

透過這些事業經營，農村婦女傳統上猶如無聲配角的形象發生轉變，但這些事業經營也面臨著相當複雜的時代脈絡與人際關係。農村婦女面對的社會脈絡，在工業、資訊化時代以來，還包括了農村人口外流、老化、文化改變、以及城市與農村的各種衝突，這種變遷使得農村婦女面臨的挑戰更加棘手。例如這些「副業」，是農村實際情形的需求，還是進一步強化婦女傳統角色？這些問題可能是生活在都市的人們難以想像的。

參與決策的困難：沒有女性幹部的農會？

雖然農業事業經營上，女性的重要性逐漸提升，然而在公共事務的決策上，農村婦女仍然處在明顯的弱勢。消除對婦女歧視委員會的第三十四號一般性建議曾指出：「農村婦女被排除在各級領導和決策職位之外的可能性也更高。她們受性別暴力影響異常嚴重，卻缺乏訴諸法律的機會，得不到有效的法律補救。很顯然，增強農村婦女權能、自決和擔任決策與管理職務的重要性不容忽視。否則，各國便是在妨礙自身進步」。

在台灣，農村婦女在領導與決策參與不足的情形同樣在發生。以中華民國農會的二〇二四年農會年報為例，農會的會員代表、理事、監事，這些具備決策能力的選任職位，獲選者的性別分布相當懸殊——男性遠遠的超越了女性。以全國所有農會團體的會員而言，二〇二三年共有五十四萬一千兩百六十八位男性會員，二十七萬五千九百七十六位女性會員。也就是說，會員基數上，男性約為女性的兩倍，但選任出的幹部，會員代表有一萬〇七百四十位男性，卻只有一千〇四十八位女性，男性會員代表是女性的十倍之多；理事部分，男性為兩千六百八十四位，女性僅一百三十五位，男性理事是女性數量之二十倍；至於監事部分，男性為九百〇九位，女性為四十八位，也接近十九倍。

在部分基層農會，甚至有女性獲選者掛零的情形。儘管會員結構上，男性原本就較女性明顯為多，但選任人員的性別懸殊程度，已大幅度地超越了會員原始的性別分布。此外，前面曾經提及，女性從農人口雖然少於男性，但其實是接近一比一的狀況。

這顯示了女性在農會中參與公共事務、擔任決策角色的機會較少、或參與意願較低落。而決策程序中女性參與的不足，可能導致女人的想法和建議在農會營運及農業相關議題的決策中無法充分表達，間接也會繼續影響農村婦女在農村社會中的地位[3]。

除了與農業事務密切相關的農會，就整體民主體制而言，農村婦女的代表在各級政府和決策機構的身影也非常罕見，這使得在國家的政策制定過程中，她們的利益容易遭到忽視，意見也無法在決策程序中充分表達。這種狀況可能造成惡性循環——資源與經濟機會已經較少的農村婦女，如果在程序中繼續受到忽略、無人代表發聲，在新的政策和立法中，也很難想像出現充分照顧其利益與需求的結果，使得農村婦女的處境更加不利。

這也回應到上述第三十四號一般性建議：「確保農村婦女參與所有農業和農村發展戰略的制定和實施，並確保她們能夠有效參與關於水、衛生、交通和決策能源等農村基礎設施和服務的規畫和決策，以及參加農業合作社、農民生產組織、農村工人組織、自助團體和農產品加工實體。農村婦女及其代表應能夠直接參與所有農業和農村發展戰略的評估、分析、規劃、擬定、預算編制、籌資、實施、監測和評價」。也就是說，農村婦女和其代表應該有效參與決策過程，以決定這些和她們息息相關的事務。

農村銀行：從諾貝爾獎到惡化處境

關於提升農村婦女的處境，在二〇〇六年，孟加拉的穆罕默德．尤努斯（Muhammad Yunus）和他的農村銀行（Grameen Bank）因推動微型貸款的創新模式，獲得了諾貝爾和平獎。這種農村銀行模式的核心理念是透過向貧困的農村人口——實際上主要是農村婦女——提供小額貸款，幫助她們創業，擺脫貧困的惡性循環。當時，這一舉措被視為開創性的方法，能賦予農村婦女經濟自主權，促進性別平等和地方經濟發展。然而，隨著時間推移，這種理想化的模式卻在某些地區遭

3 參見台中市農業局CEDAW教材。

遇了意料之外的問題，甚至惡化了農村婦女的處境。

微型貸款的初衷無疑是善意的，但在實踐中，許多農村婦女因為貸款的壓力陷入了新的困境。相關爭議大約在二〇一〇年代開始爆發。微型貸款本應是農村婦女脫貧的工具，但由於貸款利率偏高、還款壓力沉重，許多借款人並未能真正實現經濟自立，反而深陷債務陷阱。在某些地區，借貸過度和經濟壓力使得農村婦女被迫變賣家產，甚至需要求助於高利貸，最終不僅無法改善生活，還加劇了她們的貧困狀況。在約旦，甚至因為倒債者的入罪化，使得農村婦女遭受刑罰，以及爾後家庭破碎、被離婚等問題[4]。

另一方面，許多農村婦女因為缺乏商業知識和市場資源，即使獲得貸款，也難以順利發展經濟活動。她們可能不得不依賴丈夫或男性親屬來管理資金，這反而使她們的經濟權利進一步被剝奪，無法真正實現自主經濟發展的初衷。也有研究指出這加劇了家庭內男女不平等的問題，使男人透過女人獲得貸款、而家務仍由女人負責，或者造成家暴狀況更加嚴重，還有造成不同群體女人之間不平等加劇的狀況[5]。

因此，農村銀行這一最初被認為能夠解放農村婦女的金融工具，卻在一些地區成為加劇她們困境的導火線。微型貸款在某些情境下，從解放工具變成了壓迫機制。究竟如何改善農村婦女的經濟權利，並實現她們真正的自主發展，仍然是持續需要面對的挑戰。

總而言之，無論在台灣或國際上，農村婦女都長期處於社會與經濟結構邊緣，儘管她們勞心勞力，貢獻仍經常被忽略、或是難以改善生活處境，並面臨嚴峻的挑戰。農村婦女如何可以獲得更完善的支持，參與決策、並享有應有的資源與福利，尤其是在決策程序缺乏代表的前提下，如何促進參與、使相關措施或政策能真正符合農村婦女的需求（例如，不僅是由城市中的男人為主的決策程序來決定），仍有許多需要努力耕耘之處。

4 黃品學，〈陷入微貸／危殆的女人：立意良善的鄉村銀行，為何反而剝削了貧窮女性？〉，辣台妹聊性別，二〇二一年一月六日。

5 同註4。

思辨與問答

- 你認為《消除對婦女一切形式歧視公約》為什麼將農村婦女獨立列為一條規範？有哪些可能的理由？
- 農村婦女可能會面臨哪些非農村婦女不會遇到的挑戰？法律或政策有辦法緩解這種狀況嗎？你有什麼建議？
- 有什麼作法可以強化農村婦女在農會等決策程序的參與？
- 為什麼立意良善的農村銀行後來遭人詬病？你認為解決的方式是放棄這個制度，或是採用什麼調整的措施，減緩農村銀行惡化婦女處境的情形？

第十五章：與社會風氣與文化的拉鋸　法律上性別平等

一．締約各國應給予男女在法律面前平等的地位。

二．締約各國應在公民事務上，給予婦女與男子同等的法律行為能力，以及行使這種行為能力的相同機會。特別應給予婦女簽訂契約和管理財產的平等權利，並在法院和法庭訴訟的各個階段給予平等待遇。

三．締約各國同意，旨在限制婦女法律行為能力的所有契約和其他任何具有法律效力的私人文件，應一律視為無效。

四．締約各國在有關人身移動和自由擇居的法律方面，應給予男女相同的權利。

《消除對婦女一切形式歧視公約》（CEDAW）第十五條呼籲實現「法律上的平等」，這與第二條反歧視的要求息息相關，深刻影響著女人在社會和法律體系中的地位。

這裡討論的平等涉及兩個層面。首先，公約講求「法律面前人人平等」，在法律面前，人們不分性別享有同等的能力，可以自主處理法律事務。遺憾的是，有些社會在法律程序和機構中，依然限制著女性的能力，她們可能無法獨立簽訂契約、申請借款或無法擔任證人，這否定了女性作為法律主體的自主性，是公約所強烈反對的情形。公約要求確保男女享有相同的「機會」行使其法律上的行為能力，並且要求法院和訴訟程序注重平等待遇。

在這方面，台灣對於弱勢女性之法律扶助採取了諸多措施，舉例而言，除了依照《法律扶助法》提供有需求者法律扶助外，也針對女性比例較高的新住民（外籍配偶）或家事移工族群，在法務部網站設置了英語、泰語、印尼語、越南語、客語及台語等不同語言的「證人到庭應注意事項」、「被告進入法庭後訊問流程及相關權利」等影片，以利當事人了解自己在程序中的權益、得以進行適當之準備，而法務部與司法院也都針對程序中的通譯需求加強相關保障。

此外，政府也從另一個角度強化女性在程序中的保障：在司法工作中落實性別平等，例如開辦課程提升司法人員的性別意識、包括對律師、司法官、尤其是家事庭法官關於公約相關的培訓。

其次，公約追求「法律應確保平等」，即國家應確保婦女和男子在所有法律上享有平等的保障和權利。例如，若法律規定男性享有優先繼承權，那就是違反了公約的原則。在台灣，目前財產繼承權的法律規定無性別區別，但是由於傳統上「財產傳子不傳女」的觀念從統計上看來仍然存在，許多女性也在家人的逼迫下簽下「拋棄繼承」，法務部、教育部等持續推動「平等繼承權」的宣傳，希望緩和這種狀況。二〇二三年大法官處理了祭祀公業的爭議，在一一二年憲判字第一號中，指出祭祀公業條例使男系子孫擁有優位的派下權，屬於不合理的差別待遇，違反憲法保障的平等[1]，大法官的憲法判決就是我們進一步邁向法律上平等的例子。

1 關於祭祀公業的討論，詳見本書第三章。

在台灣，其實憲法層次便要求了法律上的性別平等：《憲法》第七條明文規定我國人民無分男女、宗教、種族、階級、黨派，在法律上一律平等。《憲法增修條文》第十條也規定，國家應維護婦女之人格尊嚴，保障婦女之人身安全，消除性別歧視，促進兩性地位之實質平等。除了祭祀公業，大法官歷年來也處理了許多消除法律性別不平等的案件，以下讓我們來看看這些現在看來可能難以想像的「差別待遇」，如何經由大法官解釋或裁判，進一步邁向法律上性別平等。

親權行使，父權優先？

過去，《民法》第一〇八九條規定父母就未成年子女的權利有不同意見時，應以父親的意見為主，這是來自一九三〇年代的立法。

對於這樣的父權優先條款，立法院聲請大法官解釋，認為該條文造成許多家庭悲劇，不僅造成許多不負責任、不關心子女之父親強行分離母親與子女，甚至在許多子女被母親的新配偶收養後的情形中，「繼父」對於養子女的權利也凌駕於生母之上。當時立法院聲請書的說明，認為這是「情、理極不平」的情形。

除了立法院的立委集體聲請憲法解釋外，另有兩位母親在婦女團體的協助下，聲請了大法官解釋。這兩位母親都是因為這個條款失去孩子的親權。例如聲請人之一被丈夫「趕出家門」，並把兒子交給聲請人撫養，爾後，丈夫因為離婚不成，決定提起「交付子女之訴」，向法院要求將子女留在父親身邊。依照當時的《民法》，法院確實應該依照父親的意思判決，因為這種未成年子女的權利事項，應以父親的意見為主，因此這位母親不得不將子女交付給配偶。

這兩位母親在不同時候找到了羅瑩雪律師，而羅瑩雪律師當時正與婦女團體合作，思考如何提出釋憲，她邀請兩位當事人合作，讓她們拿著終局判決向大法官聲請解釋。兩位聲請人在憲法解釋案件的代理人的都是羅瑩雪律師，也是後來的法務部長。

於一九九四年，司法院大法官做出釋字第三六五號解釋，說父權優先的民法制度始於憲法施行之前，有當成傳統習俗之原因，但是教育普及、就業情況改變，男女接受教育和就業機會已經接近均等，因此發生爭執時，以父親的意見為主，沒有兼及母親的立場並不合理，也不符合當前婦女於家庭中實際享有之地位。因此，這樣的父權優先條款違反憲法的平等要求，不符合消除歧視的目標而違憲，要求立法機關在兩年內修法。

雖然大法官當年宣告了父權優先的條款違憲，並且是第一次使用性別平等的憲法條文解釋憲法，但關注其理由，是認為「婦女也已經和男性受同樣的教育、有同樣的工作機會」，因此母親才能有與父親相同的權利。其實，這樣的理由仍然沒有將男女本應享有同樣的權利作為前提，而是認為婦女也「和男性一樣」能受教育和工作了，可以有「和男性一樣」的判斷能力了，才認為父母有相等的權利、也未對「母性」給予足夠的關注，大法官當年的理由，放在今天的時空下，仍然是值得檢討的。

妻子的住所以丈夫的住所為準？

除了父權優先條款，過去《民法》中還有許多以夫為中心的規範，住所的設定就是一個例子。過去《民法》第一〇〇二條規定「妻以夫之住所為住所，贅夫以妻之住所為住所。但約定夫以妻之住所為住所，或妻以贅夫之住所為住所者，從其約定。」一九九八年，司法院大法官在釋字第四五二號解釋中，則宣告這條規定違憲。雖然但書允許另外約定，但大法官認為，儘管可以另外約定，在單方拒絕約定、或協議不成的情形時，等於還是要以夫、或贅夫之妻的單方意思決定，這與平等原則不符，沒有兼顧另一方選擇住所的權利，也沒有考慮個案特殊情況，因而違憲。

這號解釋的聲請人與丈夫於一九八四年結婚後，一起住在自己娘家，與母親同居。但丈夫認為住在妻子娘家受盡委屈，雖然聲請人同意了貸款購買預售屋未來搬出，但丈夫仍然不滿，動輒吼罵、痛打聲請人和兩名稚子。一九九三年某日丈夫在痛毆聲請人使其額頭破裂、右手骨折後，便離家出走。此後多年，聲請人一邊養育子女、一邊身兼數職清償房貸。

一九九五年，聲請人和孩子搬進新居。沒想到，消失已久的丈夫突然出現，提起訴訟要求聲請人和孩子一起搬回婆家，履行同居義務。各級法院依照當時《民法》，都判處丈夫勝訴。最終，聲請人委任王如玄律師提起大法官解釋，才有了釋字第四五二號解釋。

台灣的舊規定正是公約所關心的，限制已婚婦女自由擇居權利的例子。目前，《民法》中的新規定是夫妻之住所，由雙方共同協議之；未為協議或協議不成時，得聲請法院定之。

榮民的女兒結婚後就失去繼承土地的權利？

一九九八年另一則釋字第四五七號解釋處理退輔會的房舍土地繼承問題。行政院國軍退除役官兵輔導委員會（退輔會）發布的「本會各農場有眷場員就醫、就養或死亡開缺後房舍土地處理要點」中，為了照顧榮民的遺眷，允許榮民的子女繼承土地，但是規定之條文指出：「死亡場員之遺眷如改嫁他人而無子女者或僅有女兒，其女兒出嫁後均應無條件收回土地及眷舍，如有兒子准由兒子繼承其權利」——女兒如果結婚就會失去繼承權，但兒子無論婚姻狀況都可以繼承。大法官認為，這種只以性別和結婚與否對女性為差別待遇的作法，已經違反了《憲法》第七條的平等原則，主管機關應在解釋公布後六個月內檢討相關規定。

這種規範實際上反映了古老的「財產傳子不傳女」的觀念，這是一種將家族財產和權力掌握在男性手中的傳統觀念。在這種觀念中，出嫁的女兒通常被認為是「潑出去的水」，意味著女兒出嫁後不再與家族有關聯，也失去了繼承權。這些觀念不僅在社會中流傳，還在過去的法規中得到支持，從而加劇了性別不平等的現象[2]。

財產權的平等

儘管大法官透過憲法解釋與裁判逐漸改變了性別不平等的規範，然而，在法律

2 但除了這種當代看來「顯然有問題」的規定，二〇二一年的釋字第八〇七號解釋，處理的是禁止女性勞工夜間工作的問題，請參考本書第四章。

制度平等的狀況下，在台灣，許多與《消除對婦女一切形式歧視公約》第十五條密切相關的案例圍繞著財產權。儘管如同前述，目前繼承法規是沒有性別偏見的，但社會仍然存在相關觀念，使得爭議不斷；除了繼承，在贈與上，統計上也是明顯的男多女少。這樣的情況使得許多女性在爭取她們應得的財產權時面臨著挑戰和歧視。

常看見子女爭產鬧上法庭的案件中，已婚女兒被認為「不願意退讓」，「已經是夫家的人」怎麼還「回娘家分產」，但子女在法律上有平等的繼承權，女兒沒有義務「拋棄繼承」。這種思維背後反映了社會對於女性地位的刻板印象和偏見，認為女人在結婚後應該放棄對父母家庭的繼承權，而這種觀念的存在使得許多女性在爭取自己應得的權利時感到無助和受阻。

為了宣傳這樣的平等觀念，法務部製作了宣傳品、地方政府加強宣導，而司法院也在提供民眾辦理拋棄繼承參考之文件中，增加了「女性繼承和男性繼承享有相同的法定繼承權利，沒有辦理拋棄繼承義務」的說明。如此調整不僅是進一步落實《憲法》第七條的平等要求，也是對公約要求的財產權利平等向前邁進。透過法律、宣傳和教育的手段，社會正在逐步改變對性別角色和繼承權的固有觀念，推動男女在財產分配上的平等。然而，這仍然是一個漫長的過程，需要全社會的努力和持續的宣導，才能真正實現性別平等的目標。

思辨與問答

- 有句話說「法律不該為偏見服務」。法律在消除性別歧視上有什麼功能？從以上台灣的憲法案件來看，大法官扮演什麼角色？
- 當某些傳統觀念被視為性別歧視的根源時，政府和法律應該干預嗎？他們可以如何在尊重文化多樣性的同時，推動性別平等？
- 你是否感覺台灣人在財產分配運用上，仍有「重男輕女」的狀況（例如父母幫兒子準備房子）？財產分配中的性別不平等問題既牽涉到個人家庭內部的關係，也反映了社會結構中的性別角色刻板印象。你認為除了法律和政策外，個人、家庭、教育可以如何改變這種觀念？

第十六章：讓誓約成真　婚姻與家庭生活權之平等

一．締約各國應採取一切適當措施，消除在有關婚姻和家庭關係的一切事務上對婦女的歧視，並特別應保證婦女在男女平等的基礎上：

(a) 有相同的締結婚約的權利；

(b) 有相同的自由選擇配偶和非經本人自由表示、完全同意不締結婚約的權利；

(c) 在婚姻存續期間以及解除婚姻關係時，有相同的權利和義務；

(d) 不論婚姻狀況如何，在有關子女的事務上，作為父母親有相同的權利和義務。但在任何情形下，均應以子女的利益為重；

(e)有相同的權利自由負責地決定子女人數和生育間隔，並有機會使婦女獲得行使這種權利的知識、教育和方法；

(f)在監護、看管、受托和收養子女或類似的制度方面，如果國家法規有這些觀念的話，有相同的權利和義務。但在任何情形下，均應以子女的利益為重；

(g)夫妻有相同的個人權利，包括選擇姓氏、專業和職業的權利；

(h)配偶雙方在財產的所有、取得、經營、管理、享有、處置方面，不論是無償的或是收取價值酬報的，都具有相同的權利。

二・童年訂婚和結婚應不具法律效力，並應採取一切必要行動，包括制訂法律，規定結婚最低年齡，並規定婚姻必須向正式機構登記。

《消除對婦女一切形式歧視公約》（CEDAW）第十六條要求國家確保婦女在家庭生活的各個方面都享有和男人平等的權利，包括在婚姻與子女相關的決策上。結合第二條與第五條，公約要求締約國禁止歧視、消除法律中的歧視、並解決習慣法、宗教法與實踐中助長家庭內部持續不平等的性別陳規觀念。

第二號和第二十八號一般性建議不斷強調這些要求，並逐步擴大了對公約第十六條的理解，使本條所關注的視野逐步寬廣，包括家庭關係中的經濟成果、稅收、家庭暴力與兒童監護問題等。

或許單純看法條的介紹有些抽象，讓我們以本條一個國際上著名的案例說明這個條文的意義：Indira Gandhi Mutho 的故事發生在馬來西亞，是一個涉及家庭、宗教信仰和婦女權利的案件。Indira 和她的丈夫 Pathmanathan 在一九九三年結婚，婚後育有三個孩子。然而，隨著時間推移，夫妻之間的矛盾日益加劇，在二〇〇九年初，矛盾升級到無法調和的地步。Indira 的丈夫在未經她同意的情況下，強行帶走了他們年僅十一個月的小女兒。更令 Indira 傷心的是，丈夫單方面決定將孩子改信伊斯蘭教，完全沒有徵詢她的意見。Indira 對此感到無比無助，因為根據馬來西亞的法律規定，父親擁有更大的決策權力，她無法阻止這一決定。

然而，Indira 不願就此放棄。她決定向馬來西亞法院提起訴訟，爭取她作為母親應有的權利。她認為，孩子的宗教信仰應該是父母雙方共同決定的，而不是由父親單方面決定。這場官司引起了廣泛關注。高等法院在審理此案時，不僅僅基於馬來西亞的國內法，更是參照了國際法，尤其是《消除對婦女一切形式歧視公約》相關規定。公約的第五條和第十六條特別強調，在婚姻和家庭生活中，男女應享有平等的權利。

法院認為，Indira 被剝奪了作為母親應有的平等權利，因此，僅由父親決定孩子的宗教信仰是無效的[1]。這一判決具有里程碑意義，因為它展示了如何在奉行二元法系的國家（如馬來西亞）將國際法的原則與國內法結合，無需額外立法也能保障婦女的權利。也就是說，法院的判決不僅讓 Indira 贏回了她作為母親的平等權利，也在馬來西亞法律史上樹立了一個重要的先例，即國際法如何在沒有特定國內立法的情況下，依然能夠保護婦女的權益。

而從這樣的故事，是否也想起了許多在台灣眾多婚姻與家庭內預設「丈夫優先」、「父權優先」的例子？例如本書曾提及，民法過去關於親權行使以父親的意見優先的規定、以及人工流產需要配偶同意的規定。直至今天，實際上仍有很多狀況需要我們反思、並做出改變。

自由選擇從父或從母姓，然後呢？

子女姓氏選擇的發展也說明了家庭內的性別平等仍有很大的努力空間。二〇〇七年五月二十三日，民法第一〇五九條終於修法通過，子女的姓氏不再被強制從父姓，父母可以坐下來協商，決定孩子跟誰姓。這是個突破性的進步，但這個進展背後，卻還有許多未解的遺憾。其中一個問題出在單親家庭。對於離婚或伴侶失蹤的單親媽媽來說，想讓孩子改跟自己的姓，簡直是難如登天。

法律要求必須取得對方的同意，或者證明孩子從父姓對生活造成了不利影響。於是，許多媽媽不得不在忙碌的生活中抽空去法院，甚至得面對不願聯絡的前夫，心裡的苦和無奈無法言說，而下一步，還得說服法官關於「不利影響」的認定，不僅僅是「主觀感受」。這一切，讓改姓成了單親家庭的非常艱難的任務。於是，一

1 *INDIRA GANDHI MUTHO V. PENGARAH JABATAN AGAMA ISLAM PERAK & ORS*, [2013] 7 CLJ 82, High Court Malaya, Ipoh.

群母親們聯合起來成立了「監護權媽咪聯盟」，一起撰寫案例、遊說立法，最終在二〇一〇年成功推動進一步修法，讓成年人擁有了自主改姓的權利，改姓時的「不利影響」也轉變為「子女利益考量」。

如今，依照法律，父母可以平等協商決定孩子的姓氏，若無法達成共識，則透過抽籤來決定。而成年後的子女也擁有了改姓的自主權，讓這個曾經複雜的過程變得更具彈性和自由。

然而，儘管法律上子女的姓氏選擇權有了進展，但從母姓依然是少數選擇。例如二〇二三年，內政部的統計顯示從母姓嬰兒「創新高」——五・六%。顯然，故事還沒結束，現實仍然是父姓優先，打破姓氏選擇的傳統觀念仍需要時間和努力，從母姓的選擇何時能像從父姓一樣自然？即便雙親決定其子女要從母姓時，可能需要面對的是雙方長輩的壓力與質疑，父姓仍然是一種「預設狀態」，母姓只是「第二種選擇」。

結婚不平等、離婚也不平等？

如果訝異於姓氏選擇的修法進展竟然是二十一世紀以後的事，那麼，民法二〇二三年才終於讓女性與男性的訂婚與結婚年齡限制修改為相同，可能更令人驚訝。這種明顯的法律上形式不平等，是相當近期才獲得了調整，甚至在二〇一九年同性別二人也可以結婚的《司法院釋字第七四八號解釋施行法》制定後才進行修正——值得注意的是，同性婚姻合法化也是《消除對婦女一切形式歧視公約》的視野下「平等締結婚姻」的一環，以政府的第四次國家報告為例，便將同性婚姻的進展列為公約第十六條有關平等締結婚姻的重要人權保障措施。

回到結婚年齡之規定，過去民法規定，男性未滿十七歲、女性未滿十五歲者不得訂定婚約，男性未滿十八歲、女性未滿十六歲者不得結婚，這與《公民與政治權利國際公約》以及《消除對婦女一切形式歧視公約》提到的男女法律地位平等原則顯然不符。為此，民法第九七三條與第九八〇條進行了修正，統一不同性別訂婚和結婚的最低年齡，新法之下，訂婚年齡統一為十七歲，結婚年齡則為十八歲。

另一方面，除了結婚，離婚的條件也經歷了相當不平等的演進史。以漢人習俗為例，其婚姻觀忌諱離婚，夫妻不應輕易分離，但實際上離婚的權利多由男性主導。清朝法律中明確規定，妻子須隨夫，丈夫可隨時以多種理由提出離婚，女性則無法主動請求。在傳統社會，離婚女性無家可歸，且不被娘家承認，重返婚姻困難，導致她們主動離婚的可能性極低。

日治時期，出現了妻子主動訴請離婚的案例，顯示女性逐漸走向獨立。例如女醫師蔡阿信在一九二四年與彭華英結婚後，因丈夫的移情別戀決定離婚，成為當時少數成功主動請求離婚的女性之一。戰後，儘管法律上保障女性的婚姻權益，但離婚條件仍受限，社會輿論對離婚女性的道德批評使得許多女性無法發聲。一九八四年，東吳大學的林蕙瑛教授成立「拉一把協會」，為離婚女性提供心理支持，後轉型為「晚晴婦女協會」，鼓勵失婚女性勇敢面對困境，提供法律和心理諮詢，幫助許多女性走出陰霾[2]。

就如這本書呈現的許多例子，包括剛才提及的從母姓，規範允許和現實狀況，很可能是兩回事，儘管關於離婚的規定是性別中立的，但在異性婚姻中，女性主動訴請離婚仍然面臨巨大的壓力。

在《性、謊言、柏金包》一書中，說明了這種「離婚不平等」的狀況——在美國，婚姻中的雙重標準讓許多女性在面對情感危機時掙扎不已。書中的莎拉就是一個例子。她雖然心中渴望自由，但面對潛在的外遇，卻選擇了忍耐。她深知，離婚將使她失去一切，尤其是經濟上的安全和社會的尊重。住在遙遠地方的父母無法成為她的依靠，而丈夫的怒火和社會的指責更讓她感到窒息。莎拉經常思考，如果她被指控通姦，監護權的聽證會將如何影響她的生活，她不想成為那個衣服上繡著「偷情媽媽」的女人。這樣的內心掙扎讓她在一段平淡無奇的婚姻中苦苦掙扎，無法追求真正的幸福。她的故事不僅反映出個人的抉擇，更揭示了社會對女性的隱性壓迫，讓人不得不思考：為何女人在婚姻制度下，必須承受如此沉重、不同於男人的代價？

2 〈台灣婚姻中的「離緣」與女性婚姻自主〉，台灣女人。

通姦除罪化：女人何苦為難女人？

這種對於「出軌」的不平等，也是通姦除罪化戰場的討論焦點之一。二〇二〇年，大法官於釋字第七九一號解釋宣告通姦罪違憲。許宗力大法官的意見書提及：「同樣是參與婚外性行為，女性通姦者被斥為淫娃蕩婦，而男性通姦者都只是犯了『天下男人都會犯的錯』；女性永遠背負著貞節牌坊，要從一而終，通姦根本十惡不赦，沒浸豬籠就算了，還敢奢望得到原諒；而男性腳踏兩條船，不僅容易獲得原諒，甚至為世人所暗自欽羨。」

這不是台灣社會第一次討論通姦除罪化議題，早在一九九〇年代婦運時期就開始受到關注。二〇〇二年大法官針對通姦罪做出合憲解釋，但建議立法者根據社會現況重新考量。婦女新知在大法官召開憲法法庭後表示，性別平權依賴法制改革，刑法修訂應與時俱進。反對廢除通姦罪的人認為法律可保護婚姻，但實際上通姦罪的存在往往導致配偶關係惡化，無助於修復破裂的婚姻。該罪的舉證要求嚴格，過程中會造成配偶人格的傷害，並揭露隱私，使原告也成為被八卦的對象[3]。也有意見指出，隨著現代社會的發展，國家以刑法介入私人關係的正當性已大大減弱，目前全球僅有極少數保守國家仍然以刑法對通姦進行懲罰[4]。

在這些爭議中，造成性別不平等問題的核心問題之一在於，儘管當時刑法第二三九條在表面上對丈夫與妻子的婚外性行為似乎採取平等的處罰標準，同時也對婚外第三人進行懲罰，但實際追訴結果卻顯著地懲罰女性。根據該條法律的但書，配偶可以單獨撤回告訴，這使得通姦被告與相姦被告在處罰上存在不公平之處。換句話說，這樣的法律結果導致女性在實質上面臨更嚴重的懲罰，顯示出明顯的性別平等缺失。此外，通姦罪常被用作性侵害的壓迫工具，且對非婚生子女造成歧視與傷害。

總而言之，通姦罪可謂是強化性別不平等的存在，並且對於修復婚姻關係沒有顯著的幫助，經過婦女團體多年的努力，終於在二〇二〇年透過大法官解釋宣告除罪化。

---

3 〈幸福不能靠捉姦！台灣「通姦罪」該廢除的七個理由〉，婦女新知基金會，二〇二〇年四月二十九日。

4 〈通姦除罪在台灣〉，台灣女人。

婚內平等的財務面向：以家務勞動保障為例

以上我們討論了各種與婚姻相關的平等問題，另一個值得深思的，是家務勞動保障的制度化可能。儘管台灣在一九八五年已經在民法中設計了剩餘財產分配請求權，但在實際操作上，無論是婚內或婚姻解除時，都有進一步改進的空間。一方面，婚姻解除時雙方應平等享有經濟利益，另一方面，婚姻期間的角色分工不應對任一方造成經濟損害。比如對於未來的退休金、勞保老年給付等是否應納入分配範圍仍存在爭議，但這些實質上是勞工的辛苦所得，應被合理考量。再者，配偶在婚姻中貢獻的「所得能力」和無形資產（如經驗、聲譽、客戶資源等）如何能納入清算範疇，也值得探討，以確實實現公平的財產分配[5]。對於那些在家庭中承擔更多家務勞動的一方，在職業發展上的犧牲和機會成本更應獲得合理的對待。

這些議題不應該僅在婚姻解除時受到重視，而應該融入日常生活和婚姻關係的建立中。就如日劇《月薪嬌妻》所傳達的，配偶雙方在進入婚姻之前，就應該有充分的認識與共識，了解家務勞動的價值，從而在日常生活中達成更平等的經濟分配。這樣的改變，有助於打破傳統性別角色的束縛，使得婚姻中的每個成員都能夠實現自身的價值與潛力。

終點與起點

從第一章至此，我們隨著《消除對婦女一切形式歧視公約》的十六個條文走過了一條探索之路，沿途我們看見了本土與國際的各種小故事，它們揭示出，儘管有些人認為「在台灣，性別已經很平等了」，實際上今日的社會中仍然存在諸多不合理的現象，這些現象對不同性別者的日常生活造成了深刻的挑戰——女人、多元性別者、也包括男人。

無論是婚姻中的權利保障，還是職場上的性別歧視，這些不平等常常被忽視、

5 王如玄，〈法律修訂對婚內性別平權之實踐與突破：從民法親屬編的修正談起〉，玄人事務所，二〇一六年十二月三十一日。

淡化，甚至被當作「個別問題」。但這些問題卻反映出深層的結構性壓迫，呼應公約條文中一再強調的需求：即對性別平等的重視不應止步於表面。

正如我們所見，許多進步並非自然而然發生，而是無數人通過長期的努力和堅持推動而來。這些推動力量來自不同性別、不同行業和不同世代的聲音，他們共同致力於拆解長久以來阻礙平等的制度與文化壁壘。

因此，這段旅程提醒我們，性別平等並不是一個已經達成的目標，而是一個需要不斷努力的過程。唯有透過法律、政策和社會觀念的全面革新，我們才能逐步接近《消除對婦女一切形式歧視公約》所追求的理想，為所有性別創造一個更加公平且包容的社會。

思辨與問答

- 在法律修改後，社會仍然有「父權優先」的預設，從母姓的子女仍然稀少就是一例。你有沒有觀察到什麼其他例子？我們能做什麼翻轉這樣的預設？
- 你認為婚姻制度有什麼優點？對女人而言，走入婚姻意味著什麼？
- 在對應《消除對婦女一切形式歧視公約》條文的十六個章節中，你對哪一個篇章印象最深刻、最有感？哪個篇章是你認為最迫切的問題？為什麼？你可以在日常生活中做些什麼來回應這些問題？

後記

人生必修課：從性別平等教育到全面性教育

——韓宜臻
台灣性別平等教育協會祕書長、台灣同志諮詢熱線協會理事

我對性別平等議題的興趣源自我的身分——我是一名雙性戀，也是一名女性。從小被要求坐著不要腳開開、晚上不要一個人出門等等，讓我深感性別所帶來的諸多限制。中學時，我花了不少時間探索自我，最後認定自己是雙性戀。儘管周圍的環境還算友善，這依然是一趟並不簡單的旅程。希望減少社會上的性別刻板印象與性別不平等，是我投入性別平等教育工作的初衷。

我國中念的是保守的教會學校，但我的同學們卻很熱衷於討論同志議題，而且態度是開放、友善的。那時大家都剛開始見識到女校裡很帥的學姊，並且對同性戀這個群體充滿好奇。從同學的閒聊中，我才知道原來女同志還可以再細分成踢或婆

（T/P）等。更特別的是，當時有個同學在班上組織了名為「Lesbian Club」的地下社團，雖然這個社團實際上似乎沒有什麼功能，但對於當時的我而言，這樣的班級氛圍是很重要的支持。

相對而言，老師課堂上所提供的性平教育就不盡理想。記得有次輔導課播放了一部與同志有關的影片。影片結束後，老師做出一個結論：只有年滿十八歲、對同性有性的慾望，而且實際上與同性發生過性行為的人，才算是真正的同性戀。這樣的觀點讓我感到既困惑又挫敗，因為它完全忽略了性傾向的多樣性和複雜性。不過，老師的說法卻也成為一個擋箭牌，當我不想直接回應出櫃問題時，就可以引用老師的定義，否認自己是同性戀。

高中的經歷則是完全相反。我的高中是公立女校，學校提供了很多性平教育資源，老師們也都很友善，還曾邀請同志諮詢熱線和知名的女性主義學者來學校演講。在這樣的環境中，我對於LGBTQ+有了更多的認識，也開始認同自己是個雙性戀。然而，高中時期，身邊同學們對於同志的態度卻不像國中那麼正向。曾經有一位同學請我推薦小說，我推薦了杜修蘭的《逆女》。他特地從圖書館借來了那本書，卻在翻開書頁的那一刻，得知那是一本關於女同志的小說時，便馬上將書頁闔上，表示不願意閱讀同志小說。

上了大學以後，我雖然還是沒有向家人出櫃，但當時因為雙主修社會工作學系的關係，便以需要志工時數、需要實習為由，開始參與同志運動。在同志遊行中擔任義工、去同志諮詢熱線實習等經歷，使我對社會運動及同志議題有了更深刻的認識，也讓我發現比起社會工作的直接服務，自己其實對於法律跟政策倡議更有熱情。

說來慚愧，在來到台灣性別平等教育協會工作前，我對於這個組織所知甚少，只知道是由一群老師們所組成，且有出版桌遊這類新奇的性平教育教材。其實協會早在二〇〇二年就已經成立、積極投入《性別平等教育法》的立法倡議，並在往後的二十多年間，成為民間推動性別平等教育落實的重要力量。來到協會之後，我便負責政策倡議相關工作，剛好是我很感興趣的領域，但是也面臨到一些挑戰。

例如我們從研究調查可以得知，同志學生在學校裡仍普遍面臨騷擾、歧視，可是在已經有《性別平等教育法》的情況下，法律或政策還可以怎麼更進一步保護這些學生？性別平等教育還可以怎麼樣更落實？又例如近幾年參與各項人權公約審查會議時，我們觀察到，保守團體也開始學習運用這些人權機制，來提出反人權的論述，試圖阻礙性平教育與同志權益議題的推進。如此般種種進三步、退兩步的處境，是性平政策倡議工作的艱難挑戰，卻也是有趣之處。

這幾年在推動性別平等教育時，我們也開始強調「全面性教育」的重要性。性在很多人的生命中，是至關重要的一件事；但是從小到大的性教育卻常常過於強調性的負面後果，進而讓我們潛移默化地覺得性是一件害羞而難以啟齒的事情。全面性教育是當前國際社會認定的性教育標準，它關照性的多元面向（而不只是預防性傳染病和非預期懷孕），強調性教育須奠基於人權與性別平等原則之上，協助學生培養為自己的決策負責的能力，並且建立健康的人際與親密關係。因此，對協會來說，全面性教育的倡議，就是促進性別平等與人權的一環。但我們也發現大多數老師和家長對全面性教育還不甚了解，或者不知道該如何進行教學，因此還需要持續地對話。

性教育是解決性別不平等問題的關鍵一步，也是實現實質性別平等的基礎。在未來的工作中，我們希望能夠更積極地推動全面性教育的進程，持續發展相關課程與教材，並培力教育工作者，讓每一個孩子都有機會完整地接觸到性與性別的正確資訊，創造一個彼此尊重、人人平等的社會。

消除月經不正義，也讓世界看見台灣的努力

——林薇
小紅帽及月經博物館創辦人、黛安娜人道主義獎首位台灣籍獲獎人

在我的成長過程中，台灣在性別平等和人權議題上的進展雖然顯著，但在推動月經平權這件事上，台灣的努力既充滿希望也面臨困難。在國際上，台灣常強調我們對人權和性別平等的承諾，追求獲得國際社會的認可與支持，但我發現相較於承諾的高度，公私部門對人權公約的理解及實踐相當有限，這讓人很氣餒。儘管《消除對婦女一切形式歧視公約》已成為國內法一部分，但政府部門在實際執行中往往停留在表面，缺乏深入理解，逐項打勾就交代了事的工作方法難以解決實際問題，甚至可能阻礙真正的改變。

我的政治啟蒙或許是曾參與野百合運動的爸爸，而媽媽則在教育上總是抱持積

極開明的態度，這樣的家庭環境影響了我的成長與思考方式，也讓我開始關注性別平等與月經平權等議題。還記得國中時一件尷尬的事，我的衛生棉掉在地上，同學竊笑那一幕讓我印象深刻，成為我後來致力於去除月經污名社會運動的起點。當時家人雖然為我準備了生理用品，卻未能深入解釋月經這件事，這讓我無比困惑，而我相信我的經歷突顯了許多女孩在青春期面對月經的不安。

後來，我創辦了小紅帽（With Red）和小紅厝月經博物館（Period Museum），致力於推動月經平權和性別平等。簡單來說，我們推動月經平權的倡議有五個主要目標：終結月經貧窮、消弭月經不平等、消除月經污名、落實月經教育、營造月經友善環境。其中，月經污名的問題仍然是最難以解決的挑戰，這涉及到深層的社會和文化觀念，需要長期的公眾教育與性別平等意識上的提升。我相信月經平權與整體的性別平等的運動緊密關聯，在這場運動中，每個人都扮演著重要的角色，因此我和小紅帽的夥伴不僅致力於解決當前的問題，也在為未來的改變奠定基礎，我們希望激勵更多人思考如何在各自的領域中推動性別平等。

小紅帽也一直嘗試邀請所有人一起關心月經議題，包括男人與男孩們。我們的目標是讓月經人權不僅僅是一個女人的議題，男性也有責任了解並支持這個議題，因為月經污名與相關的社會經濟不平等也會影響他們的家庭和整體社會。從二〇二一年開始，我與台大醫學系的黃韻如老師合開了「月經：理論、思潮與行動」的通識課，探討月經貧窮對身心健康的負面影響，這不只是女人的問題，更是一個人權問題，所有人都應該有相關知識也有機會平等地參與這場討論。

所幸過程中，我們獲得很多婦女與性別運動的前輩的信任與肯定，也深知創立組織本身是一種手段而非目的，不斷充實自己是必要的，但不能總是處於備戰狀態，休息同樣重要，因為我們作為一名議題工作者，我們的最大工具就是自己。幾年下來，我們也面臨資源與人力限制等挑戰，所以我們尋求與更多夥伴合作，來擴大這個議題的影響力，希望有效分擔不同戰線的任務。雖然小紅帽與不同政府部門、私人單位合作，但我們無法覆蓋全台灣每一個角落，所以我們的目標是透過與地方政府與公民團體來合作，讓更多人了解這個議題的重要性，這無法靠單一組織的努力。

事實上，台灣是近年來月經平權進展最快的國家，在公部門與公民社會共同合作下，以最快的時間做到最有效率的改變。以全球範圍來說，英國可能花十年才做到我們現在的成果，但我也發現這些進展仍面臨國際資源和認同等挑戰，比如肯亞在月經平權上也取得了顯著進展，但國際媒體報導有限，相比之下，西班牙實施生理假期的消息則得到廣泛關注。其實在國際上，我們成功串聯了許多其他國家的組織和團體，利用台灣在人權進展的優勢，將這些議題作為國際社會認識台灣的重要切入點，畢竟月經平權的議題不僅涉及台灣，也關乎全球的性別運動，而台灣也需要參考國際規範與標準來制定並完善相關政策，例如在公共場域提供免費的生理用品、落實不同年齡的月經教育，以及在校園與職場提供更多支持措施。這些措施不僅能促進月經平權，也能提升台灣在國際上的形象和地位。

然而，我們當然也面臨來自國際政治的阻礙，包括中國的政治影響和國際空間的限制，因此我和我的團隊仍努力在各個層面尋找突破口，使台灣在全球性別平等運動中扮演更重要的角色。當我受邀去各地分享小紅帽的經驗，發現透過其他國家對月經平權發展的關注，可以使台灣持續成為性平倡議的亮點，我相信這種突破不僅能讓國際社會看到台灣在性別平等方面的成就，也能激發其他國家對台灣公民社會的關注。當台灣成為「正常的國家」後，就必須隨時檢視自己的現狀，避免自欺欺人，只有不斷反思並改進實踐人權的方式，我們才能在月經平權與性別平等的道路上走得更遠。

創造平權空間，宗教信仰不是歧視的遮羞布

——釋昭慧
佛教弘誓學院創辦人、玄奘大學宗教與文化學系教授

就我個人的經歷和所聽聞的狀況而言，佛教界在性別平等方面的進展似乎並不顯著。儘管台灣社會已是相對進步較快的，佛教領域或整體宗教界與主流社會相比，顯得較為落後。宗教信仰教派繁多，我們難以對所有的宗教做出全面的評價，但以我較為熟悉的基督宗教為例，除了少數開明的教派與教會之外，其他教派對於如同性戀和跨性別者等性／別少數群體，並不是特別友善。我對伊斯蘭教的觀察有限，但普遍了解它對性／別少數群體的態度更加嚴厲，此外對於女性教徒的外型與穿著打扮也多有要求而顯得拘束。

總的來說，世界三大宗教都在中世紀時期形成，隨著社會文化中的父權意識的

發展演變而來，因此縱然難以判斷開明與保守派之間的具體比例，但可以想見教典中呈現的性別觀念是較為傳統的。然而，教徒們往往會將教義的文本視為絕對真理，而非從中汲取寓示與思想，例如佛教中雖然沒有上帝的概念，但依然會固守「佛說」的觀念，這在某種程度上也會顯得僵化，而此等解讀方式可能會使教徒有意無意展現出性別不平等的態度，而忽略時代背景的差異。

宗教經典的故事往往反映了當時的社會文化背景。佛教經典的傳承是透過口述歷史而延續，深受敘事者所處文化脈絡的影響，比如印度的父權體制與厭女文化對經典的編纂及詮釋有深遠的影響，當時掌握編輯和詮釋權的男性僧侶，無論有意還是無意，都會在經典中反映出男性主導社會發展的觀念，而當我們分析經典中性別歧視的言語時，會發現它們往往不符合當代的社會事實和經驗法則，這需要從性別權力的觀點來重新解讀。

在台灣，雖然與南傳佛教和藏傳佛教系統相比，漢傳佛教系統的女性地位稍微好一些，特別是女人在教育和社會地位上有相當程度之改善，但性別不平等的狀況依然存在，這些問題只有在具有性別意識的情況下才能夠被充分感受到。比如根據八敬法（aṭṭha garudhamma），女性修道者常常被要求表現謙讓，而男性修道者則被賦予更多尊敬。性別秩序在佛教儀式中也非常明顯，如男性法師常常被安排在女性法師之前，這種安排也可能被複製並強化其他社交場合當中。在佛教界中，性少數群體的問題往往被忽視。雖然偶爾會提到性小眾，但相關討論仍非常少，佛教徒們並不會詢問也不那麼在乎性傾向，但他們更關心一個人的性別氣質，但這常常是刻板印象的。然而，有些佛教徒會誤將「佛典」視為佛陀親自說的話，去合理化經典中不平等的現象。

國民政府來台後，許多中國大陸的比丘也來到了台灣，比如星雲大師。由於語言與文化阻礙，他們在台灣的立足過程中受到許多女性法師的支持。這些女性法師在協助他們建立基礎和擔任助手方面發揮了重要作用，這樣的夥伴關係使得台灣佛教界的性別秩序變得更加複雜，而事實上在許多時候比丘尼的地位是更高的，比如證嚴法師。即便趨於平等的社會地位，但在某些情境中，女居士仍需要主動要求而不是被自然而然地尊重，許多比丘長輩支持比丘尼，但這種支持並不總是來自於對性別平等的理解，而是基於其他務實的考量，這當中如資深程度、社經階級及長幼尊卑等儒家的倫理觀念，也影響著台灣佛教界的性別秩序。

我這裡尤其想提醒佛弟子的是「雙目自將秋水洗，一生不受古人欺。」一切莫盲目相信所有佛典都是佛陀的直接教誨。每個時代的人都有其盲點，我們需要對經典進行理智的分析。佛陀在《噶拉瑪經》中提點伽藍族人，不要盲目相信權威或律令，而應該反身自看，是否善良是否感到快樂，用以判斷接受與否，以成為明智理性幸福的佛弟子。

比如近來關於「反歧視法」的討論，許多宗教團體希望自己有特權、不受拘束，但憑什麼呢？有些人抗拒反歧視法的通過，試圖營造一言堂的假象，或為其信仰中的所有人代言，但真的所有教徒都能夠或應該接受這種主張嗎？參考婚姻平權的策略可以發現，當我們不再害怕困難，帶有偏見的對方也會感到畏懼。在面對反歧視法時，我們也需要具備相同的勇氣和集體力量，以對抗民粹主義，如此台灣社會或各宗教的追隨者才不會被特定宗教團體欲求的特權所綁架。

最後，我也希望所有人能夠記住，即使面對困難，都應該依靠集體的力量來對抗不公義。我自己的歷程與方法可能無法複製，因為獨身反抗需要仰賴長期累積的聲望與地位，而且過程是很孤獨的，但我們要相信一群人就能成為改變現狀的重要力量。儘管台灣的佛教界在性別正義上取得一些進展，但仍然面臨各種挑戰，有時甚至是來自身邊一同修道的夥伴，但批判意識的提升以及脈絡化的經典解讀方法，對於促進佛教界中的性別平等是至關重要的一步。

以知識生產來戰鬥，用女性主義來防衛民主

——劉文
中央研究院民族學研究所副研究員、黑熊民防教育協會理事長

從美國回到台灣之後，對於台灣的性別平等議題，若要談政策與制度面向的話，一切好像可以從行政院委託的「我國多元性別（LGBTI）者生活狀況調查」研究案開始談起。這項調查不僅僅關注性少數群體，還涵蓋了跨性別者，以及社群中的特殊群體，諸如高齡者、身心障礙者等人群的生活狀況。

台灣目前還沒有一個完整的數據庫來完整地描述這些群體的處境，但這項調查卻至少顯示出行政院對這些問題的重視，以及對多元性別與性少數群體的包容。這次調查由行政院性別平等會委託進行，目的是為了了解性少數與多元性別者的整體生活面向，包括歧視、暴力、騷擾等負面經驗，也探討這群人的身心健康狀態，還

有這些負面經驗的交互作用。

不過研究設計的過程中，我們遇到不少挑戰。首先是統計抽樣的問題，由於社會變遷和過去調查存在偏差等狀況，我們必須非常小心地設計問卷，盡可能代表各個群體。雖然我們採用了網路問卷的方式，這樣可以覆蓋到更多人，但這也帶來了樣本代表性的問題。透過LGBTI社群的宣傳召募也讓我們發現，所能觸及的多元性別與性少數的人大多是高學歷或年輕世代的人，我們當然也盡力要調整年齡和地區的比例，但真的很不容易。另外，調查中關於「交織性」的部分，我們發現質性研究的方式更能有效描述這些複雜的狀況。儘管問卷能夠揭示一些大致的模式，例如不同性別群體受到歧視的經驗與幸福感差異，但它無法完全捕捉到每個人的獨特經驗。尤其是對於跨性別者和非二元性別者，他們在社會中遭遇到的挑戰與所獲得的人際支持，問卷提供了初步發現，但難以完全展現其中的細節。

關於跨性別者的定義即顯示政策倡議與社群需求中必須面對的兩難：太廣泛的定義可能不易描繪人口圖像而對政策推動造成困難，而狹義的定義能夠更好地聚焦於需要資源的群體，卻較難反應社群的多元樣貌。取捨之後，我們最後決定用自我認同的性別與出生時記錄的性別不一致來定義。在性傾向上，我們這份問卷則使用自己的性認同，包括女同性戀、男同性戀、雙性戀、泛性戀（喜歡別人不以性別作為條件）、無性戀（不會從別人身上感到性慾）、異性戀及其他。

二〇二三年八月行政院公布調查報告後，收到的社會反饋主要來自保守宗教團體的反對聲音，我覺得主要源於他們對多元性別與性少數群體存在的恐懼與偏見，他們擔心這些政策會搶奪資源或改變傳統的家庭結構，但實際上這些變化才真正反映了社會現實，除了不應該以拒絕或否認的方式來應對外，這個現況調查也突顯這些人群生活處境的複雜性，有好有壞、有痛苦有快樂、有協商也有誤解。這些恐同、恐跨的意見，卻也正好折射出當代「反性別運動」的焦慮，企圖鞏固生理性別的界限，及其衍生的家父長式的、保護主義的意識形態，而這些論述都是一種父權體制的遺產，或者是父權在當代社會中的變形。

面對這些挑戰，有文化資本的人群或許還能展現韌性，但對於遭遇多重邊緣化的性別多元群體來說，卻是關乎生與死的問題。關於這點，無論是支持或反對跨性別人權的論點，我不確定台灣是否有本土的女性主義論述，其中尤其當前的反跨運動更多是直接從歐美搬來的討論，並不真正符合台灣的實際情況，這使得我們在處理這些議題時，可能會遇到更多困難，因為我們的討論深受全球化的影響，卻可能與本地經驗無關而成為一場難以聚焦的混戰。在性別平等的議題上，台灣雖然已取得了不少進展，但生理性別本質論依然存在，這種本質論使得很多政策制定者對跨性別者的問題缺乏認真深刻的理解，因此無法即時回應反對意見。

除了性別平權，我最近也在思考民主化進程與女性主義之間的關係。近來，北美的酷兒理論與女性主義者都投身於反監獄、反軍備、反帝國主義與反國族論述的社會運動中，但我的研究發現這樣的敘事與倡議路線有其參照意義，但不能照單全收，因為小國小民的台灣有自己獨特的歷史與位置，不僅面臨來自中國、外在的威脅；內部而言，台灣的軍隊和國防系統也面臨著類似的挑戰，不僅性別失衡，更涉及到轉型正義及去除威權體制的問題，而這也是女性主義與性別研究可以介入之處，細緻地回應各種二元對立的預設，並在民主防衛中尋找新的突破點。

因此，對於未來想要投身性別平等工作的朋友，建議大家要有充分的心理準備，因為這條路並不容易。當代的性別議題越來越複雜，有多重戰線齊開，使得跨界溝通變得更加困難，我們需要去傾聽座落於不同位置的人的聲音，不斷調整策略，尋求多元的切入點，才能繼續有效地推進性別人權議題。

倡議與連結：性別友善空間與性勞動者權益

——蔣書弘
台灣同志諮詢熱線協會監事、台灣性產業勞動者權益推動協會理事

二〇一六年，我從台北回到高雄，正值同性婚姻議題在台灣社會中引發激烈討論的時期。當時，街頭的「婚姻平權小蜜蜂」們忙碌地發放傳單、進行宣講，這些活動讓我深受觸動，也激發了我參與社會運動的熱情。在南部，這些活動不僅是我參與倡議行動的起點，也是我首次接觸和學習跨性別議題的契機，加上我自身的性別身分不完全符合主流的二元性別概念，這段經歷讓我開始更加深入地探討性別問題，也結交了許多擁有共同理念的夥伴。

在這段時間，我經常到同志諮詢熱線協會的南部辦公室，這裡成為我們的中繼站和休息站。與熱線的接觸讓我對跨性別議題有了更深入的了解。特別是我開始認

識到非二元性別（non-binary）的存在。在這個過程中，我也觀察了其他人的生命歷程，對照自己的經驗，探討自己是否適合「跨性別」這個標籤，最後我覺得非二元性別的概念卻讓我感到更加自在。

在南部辦公室跨性別聚會成形之前，我們組織了幾位跨性別義工，開始認識彼此和分享經驗。我們聽取了每個人的獨特性別經歷，並逐步開始向外界分享我們的故事，辦理活動和演講。這段經歷不僅讓我們更加了解彼此，也讓我們在跨性別議題上取得了一些進展。隨後我們定期舉辦跨性別聚會，從一季一次、一個月一次到現在兩週一次。我們已經建立了一個約五六十人的「跨性別小客廳」，希望能在社群內部促成彼此的對話、經驗分享與交流，而這個小團體致力於促進性別多樣性的理解和接納。

跨性別作為一個概念上涵蓋了不明朗的、非二元且難以定義的性別狀態。在跨性別社群內部，我們逐漸能夠相互理解並認識到性別的多樣性。然而，近幾年，我們也感受到跨性別社群與傳統婦權倡議之間的張力。特別是關於使用公共空間的問題，比如廁所、宿舍和更衣室，這些問題成為了推進性別平等的難點。討論常常陷入極端例子的爭論中，這樣的情況使得相關議題難以進展。

為了應對這些挑戰，我們選擇親自出面分享我們的經歷。通過真實的人在現場講述自己的故事，我們希望能夠降低偏見，促進對非二元性別群體的理解。在校園分享活動中，我們遇到了一些質疑，但從未遭遇過惡意評論。我認為，面對恐懼，我們需要正視並且尋求對話，與那些願意聽我們講述故事的人溝通。

政策方面，我們邀請了旅宿業者、性別專家學者、性別平等團體以及性別友善的市議員參與，目的是提升業界對多元性別的認識，並在泛觀光產業中促進性別平等意識。我們提出了一些評鑑標準，包括需要通過教育訓練課程、以明顯圖示或標語宣示性別友善、避免使用雙親或異性戀預設的問候語、員工制服不分男女、提供性別友善廁所等。起初，有些對多元性別處境不了解的市民朋友提出了質疑，但我們的努力還是取得了一些成效。第一波就有二十家旅館和民宿參與其中，現在產業界的夥伴們也已經成立了「性別友善觀光協會」；之後，我們也計畫與學術單位合作，建立更客觀的認證標準。

另一個我關注的重要議題是性勞動的合法化和權益保障。我參與了相關的研究和推廣工作，目的是提高公眾對性勞動者權益的認識，並推動相關政策的制定和實施。在這個過程中，我們需要與政府部門進行協商，撰寫政策建議，並進行社會宣傳。儘管性工作仍是一個敏感話題，容易引發質疑，但我們相信，只有通過法律與政策保障，才能真正改善性勞動者的工作和生活條件。這些工作面臨不少挑戰，但我們的夥伴和我堅信，只有持續的努力和推動，才能帶來真正的改變。

作為一名非二元性別者，我的性別身分影響了我，也讓我更加關注多元性別群體的需求。在與他人交流和合作時，我經常需要解釋和闡述自己的性別身分。這不僅是對自己身分的詮釋，也是對整個性別議題的解讀。我希望通過我們的經歷和努力，讓更多的人理解非二元性別的概念，促進社會對多元性別的包容和接納。

在這些倡議過程中，我自己不常用「人權」這個詞，因為這個概念對許多聽眾來說過於抽象也很遙遠，其實不利於溝通。我們在對話時，若一方搬出人權的大旗，可能反而為交流的契機畫上句點，彷彿否定了對方其他感受和想法。相較之下，在與不同意見的人對話時，講故事往往更能觸動到他們。

最後，我也想建議有志於從事社會運動的人，尤其是關於多元性別或性工作相關議題，這些就是日常到一旦被挑戰就很容易挑動他人敏感神經的主題，所以需要耐心和堅持，任何改變都無法一蹴可幾，需要時間。每個人也應該有一套管理壓力的方法，專注於建設性的對話，而不要陷入負面反饋的情緒迴圈當中，因為任何議題都需要長期抗戰，而照顧好我們自己與身邊的夥伴是很重要的事。

交織性的旅程：原住民和性少數的雙重身分

——Ciwang Teyra

國立台灣大學社會工作學系副教授、台灣原住民族社會工作學會理事長

回顧我的人生旅程，我深刻體會到自己一直在兩種深具意義的身分之間周旋與和解：作為原住民和性少數。這兩個面向的身分認同塑造了我的經歷，影響了我的觀點，並帶來了一系列獨特的挑戰。這種交織性既是力量的來源，也是生命中的張力所在，尤其在探索自我和參與社會運動的過程中尤為明顯。

二十多年前，台灣的原住民族權利運動和教會系統有著密切關聯，早期特別依賴長老教會，雖然這對社群動員提供了重要支持，但在一定程度上限制了討論其他議題的空間，比如性別與性傾向相關的問題常常被邊緣化，未能得到充分的關注。我對這些事的觀察與探討源於我自己的生命經驗。

我從小就接觸原住民族議題，父親是我族群議題的啟蒙。因為我父親長年投身於太魯閣族的公共事務，積極推動太魯閣族的正名運動與自治，從小就聽父親說，身為太魯閣族要記得「土地是我們的血；山林是我們的家」，他的經驗讓我對族群權益有了深刻的了解，我也從他身上承襲了族群使命。然而，即便如此，我和父親的生命經驗仍有著差異，父親的雙親皆是太魯閣族，而我的母親是河洛人，原漢雙族裔的背景使得我在探索族群議題時有了不同的感受與視角。這幾年在談的原住民族隱微歧視議題，自己的成長歷程中也面臨過相關的深刻經驗。在族群認同的探索期間，我也同時面臨性傾向的摸索。當時，我的性傾向在族群公共事務中難以找到適當的表達空間。

後來唸台大的時候，即使在社工系的同學之中，我能夠自在地展示我的性別氣質，但在公共場合中，這一部分的自我表達仍然受到壓抑。我曾與當時專注於多元性別議題的朋友討論過，他建議我在原住民族的議題中談及性別，但我當時婉拒了，擔心若在族群倡議過程中現身自己的性傾向，可能會面臨無法被族人接納，因此選擇在爭取族群權益隱身。除了我以外，當時也有幾位投身於原住民族權利運動的多元性別夥伴有類似的感受及經驗。在國外唸書的時候，我結識了一群志同道合的朋友，其中也有好幾位是多元性別認同者。我們經常互相交流，探討關於性別和認同的話題。這段經歷讓我對自己的身分有了更深刻的理解，也促使我在回到台灣後對自己承諾：無論面臨什麼挑戰，我都希望能忠實於自己。

在國外完成學業後，雖然一直心心念念著畢業後要返國服務，但當準備返回台灣踏向大學教職的工作時，對當時的我而言是人生中重大的轉變，對於未知的未來難免感到緊張和不安，但我也很清楚自己對這個承諾的堅持。記得返國前曾和父親討論過，如果留在美國和回到台灣之間需要選擇，他告訴我「土地在哪裡，人就在哪裡」，這句話有著父親的期待與叮嚀。記得我當時回覆他，我希望返國後我可以忠於自己，為自己在意的議題努力，除了我們都共同在意的原住民族權益，性別也是我關切的議題。父親當時的理解以及正向的回應，成為我堅持自我的重要力量，也讓我更堅定回台灣的決心。如今，我在課堂上常帶領學生進行自我覺察，鼓勵學生不斷反思及內在對話，希望讓更多人看見交織性議題的重要性。

過程中，我發現多元性別議題和原住民議題的交織並不容易被接受。儘管台灣社會氛圍逐漸有改善，但相關的結構歧視和隱微歧視仍在日常生活及制度中發生。我觀察到在性別圈子裡，對原住民族夥伴的關注逐漸增加，比如我們成立了「原住民同志聯盟」，同志大遊行有幾次邀請原住民同志聯盟在遊行的主舞台上分享交織經驗。在原住民社會內部，雖然也陸續有原住民性少數的夥伴透過不同的方式分享生命經歷，談論這些議題仍充滿挑戰與不易。特別是在部分的部落中，考量到家族的宗教背景和社會壓力，在部落中表達性少數議題有時候會需要轉譯及設計一些活動，讓性少數的議題有機會被包裝在其他議題中逐漸被認識。我希望能繼續推動這些議題，並在更多的場合中讓這些交織經驗得到肯認與理解。

近幾年社工界也開始討論各種人權議題，但我們似乎總是太快地借鑑外國經驗來分析台灣的社會現象。以解殖為例，我們或許能用北美原住民的歷史創傷經驗來討論台灣原住民族的相關議題，但這樣的對話要非常小心，無法理所當然地複製外國的經驗與論述，尤其是在涉及文化照顧這種極具脈絡意義的概念，不能忽略了本土的獨特性。政府部門在因應人權公約的時候，常將其當作一種檢查清單，變成一種工具化的作法，或許有助於確保遵守人權標準，但可能忽略真正的問題。比如為回應《消除一切形式種族歧視國際公約》的要求，政府才認真考慮原住民或移工移民的處境，但常不小心將兩者獨特的生命經驗相提並論。這樣的作法存在巨大的倫理與政治風險，因為這可能會將不同群體的議題硬套入一個框架中，而忽略了這些問題本身的複雜性。

我認為，在從事人權工作的過程中，我們有時候會發現自己處理的問題其實是自身的議題，而不是僅僅他人的狀況，應該利用這個機會與自己進行對話，增進自我認識和自我覺察，這個過程並不容易，也可能令人不適，因為整理自己內心的問題往往比處理他人的問題更具挑戰，因此找到一群相互支持、陪伴的夥伴是非常有幫助的，可以一起整理與分享彼此的故事、一起成長。

近距離看見不利處境婦女的脆弱性與能動性

——林香如
台灣婦女展業協會祕書長、台北市松年長春社會福利基金會執行長

婦女展業協會的工作主要集中在第一線的服務上。我們的工作對象大多是處於弱勢或不利處境的婦女，每年大約服務五到六百個家庭。雖然我們的服務並沒有特別強調保護性議題，但我們仍然會處理到受害受暴婦女，主要由其他組織轉介而來（如家庭暴力暨性侵害防治中心），也有婦女是自行求助的，或是由他們的朋友或社群介紹過來的。值得留意的是，我們目前的服務對象主要還是來自異性伴侶關係的順性別女性，對於多元性別的服務相對較少。特別是當單親爸爸來求助時，告訴我婦展名稱曾讓他卻步，更是我希望未來能夠拓展與改善的方向。

我最初是在勵馨基金會當社工，那時服務的對象包括遭受性侵害和暴力對待的

女性，大多在做資源整合與安置，後來被邀請到婦展。婦女展業協會自一九八三年間見到遭受政治暴力的變故家庭，因此致力於不利處境的婦女與家庭，我們也見到這些脆弱處境的婦女在接受安置後回到社區，常常面臨極大的生活壓力，可能要照顧孩子與長者，又要想辦法重新融入職場跟社會，看見這些挑戰，讓我很堅定地想要延續我們的陪伴，也希望提供中長期的支持，而不只是即時的危機處置。

這些婦女回到社區後通常遇到最大的困難就在於收入不穩定，尤其是那些未婚懷孕的青少女或離婚後的婦女，她們的生活節奏被打亂而瀕臨失序，不僅需要處理自身的情感創傷，還要處理現實的經濟問題。在高壓的處境中，她們的生活品質與身心健康都會受到很大影響。那些因此中斷學業或就業的女人，職場的競爭力也相對較低，而可能墜入機會貧窮與選擇匱乏的狀況。我們近距離看見這些女人的焦慮和憂鬱，其實很令人感傷，尤其當她們嘗試進入勞動市場而屢屢受到限制且備感挫折的時候。

因此我們的工作就是要幫助她們探索興趣、建立職業能力並提供培訓和資源。即使有時候她們選擇了非典型的工作模式（比如美甲、美妝、月子服務員、居服員），我們仍然儘量會支持她們，為她們媒合相關課程，但我們必須承認，這些非典型工作通常收入不算穩定，也缺乏勞動權益的保障，但對於這些婦女來說，這已經是她們生活中的重要部分，我們必須找到方法來幫助她們找到更好的支持系統（如托育服務）。

我也觀察到文化背景對這些婦女的影響非常大。在華人文化中，女人通常會被期望承擔更多的照顧責任，而她們的經濟自主權常常受到限制。這種文化背景使得她們在面對困境時，缺乏足夠的社會支持系統，而當她們離婚或家庭破裂時，經濟壓力會變得更加沉重。這種情況下，她們可能會面臨生存困難，甚至會感受到極大的社會排斥與惡意，比如育嬰留停的制度也不夠人性化、不提供全薪，不如請假工時那樣靈活，在在都讓弱勢婦女感到佇足。

我們工作中也會遇到情況更複雜的原住民和新住民婦女，她們不僅要面對社會支持系統的缺位，還可能因為語言隔閡和文化不安全而承受額外的壓迫感。在淡水辦公室，我遇到一位原住民母親尋求援助，經濟困難、家裡又沒東西吃，一個人帶著五個孩子，因下雨無法到工地工作，收入變得很不穩定，但又離自己的家族很遠，身邊缺乏支持系統。她的基本生活需求都無法得到滿足，還要處理孩子的就學問題與學業上的困難。另一位新住民媽媽為了養家糊口，做著勞動密集的苦工，但收入和勞動條件都很差，剛好她又需要撫養身心障礙的小孩，密集照顧的問題無人可以幫忙分擔，娘家太遠、夫家又既不諒解也不友善。

因此，我們的工作不僅僅是提供生活支持，更重要的是幫助她們建立起自信與自我支持的能力，但家內的無償勞動卻使她們的競爭力不斷削弱，也不被這個社會所重視，著實令身為女人的我感同身受也覺得很沮喪。還有很多其他多重脆弱性交織的狀況，比如中高齡婦女的經濟能力也很低，難以再就業，對她們的自尊心和健康都造成了影響。勞動部曾經請我幫忙提升餐飲服務業勞動參與率，但當我提出關於「友善職場」的問題，他們卻提不出相關資料，讓我很失望。政府應該更專注於提高婦女和所有人的勞動權益，而不僅僅想解決缺工問題。

每次我在思考人權如何融入國內法時，這些規範需要落地才能真正發揮效果。傳統的文化觀念、消極的法律思維以及「完美受害者」的刻板印象，都在妨礙這些女人擺脫不利處境，她們的脆弱性很大程度是社會建構而被視而不見的。國家人權委員會和其他機構確實在改善弱勢婦女經濟安全與社會保障上用了很多力氣，但我們需要更全面的策略、更細緻的作法，因為不利處境還是有所差異的。台灣的社會安全網仍有很多空間需要努力，性別、人權和身心健康是密不可分的，政府應該積極地參與和監督，以確保每個人都能夠有尊嚴地活著。

女性障礙者：既性別化又被框限的身體經驗

——郭惠瑜
國立中正大學社會福利學系助理教授、台灣障礙研究學會理事

這幾年，我一直關注的議題與我自身的背景密切相關。我是學障礙研究的，也因為自己是障礙者和女性，所以在博士班期間，讓我在研究中自然地聚焦於女性障礙者的議題與她們的生活困境，尤其是小兒麻痺女性在生養育孩子過程中所面臨的挑戰。我博士論文就是在研究一群年齡大約五六十歲的女性障礙者，探究她們在生命歷程不同階段的身體與社會經驗。

回到台灣任教之後，我的研究主題仍一直圍繞在女性障礙者身上，兩年前我參與了一個委託研究案，探索新冠肺炎疫情對女性障礙者的影響。研究顯示，疫情期間女性障礙者面臨了就醫困難、經濟壓力以及家務照顧等多重挑戰，這些困境突顯

了女性障礙者在照顧與母職面向的核心關懷。

我近年的研究關注女性障礙者在親密關係中的挑戰。事實上，障礙親密關係是一個特別少被探討的領域，研究發現女性障礙者在發展伴侶與家庭關係時常會面臨歧視和周遭親友的懷疑與不支持，但她們能發展出親密關係的策略，在親密關係發展過程中，並且知道如何與障礙污名身分進行協商，這些是在障礙研究中被忽略的部分。不同年齡層的女性障礙者在親密關係的經歷有所不同，年輕一代如十八到二十五歲的女性障礙者們對親密關係發展的阻礙更具反抗意識，而年長者則面臨來自家庭更大的壓力而自我妥協。

跨世代的差異還包括年輕的女性障礙者未必認為婚姻、家庭與生育是必須環環相扣的事，也對多元性別與開放式關係抱持著更開明的態度，而不像早年的障礙者較容易囿於異性戀單偶關係的意識形態，這點與台灣社會轉變中多元性別觀點之發展當然有關係。女性障礙者需要在不同時刻採取不同的策略來協商自己的身心狀況，如決定是否公開自己的障礙身分，或利用網路交友來建立關係以增強自信，這些細節往往不會被她們的家人、直接照顧者或周圍的社工看到。

不過，智能障礙和精神障礙的女性尤其受到刻板印象的困擾，家長常預設她們缺乏判斷能力，使她們的人際與身體關係更受限制，而這也讓我意識到，台灣的研究中關於女性障礙者的議題仍然有很多未被探索的空間。這些世代之間的差異與障別之間的階序，比如她們擁有的機會、人際網絡與溝通資本，雖然反映了整體社會性別平等運動的進展以及女性障礙者對性別角色的不同理解，著實讓我們看見女權發展對女性障礙者處境產生積極的影響，但也提醒我們，若看不見細緻地交織性處境，那個正面影響仍有限。

不同世代的障礙社群對權利的想像與生活的需求也有不同觀點。過去的倡議者多聚焦於提高關乎生活品質的基本權益，而年輕的障礙者則關注多元的需求，也更擅長與其他議題連結，並將障礙觀點與經驗帶入所有的社會現象中。台灣在二〇一四年將《身心障礙者權利公約》國內法化，儘管政府對女性障礙者的議題有所關注，進展仍然緩慢且欠缺系統化的措施。公約帶來了國際審查與監督機制，促使政府在某些領域如生育支持和醫療設施方面有所改善，但政府對於這些議題的回應仍然是零散的，缺乏整體性的政策規畫，尤其是在無障礙設施和長照服務中。女性障礙者仍然面臨的挑戰，尤其是在醫療和生育健康支持，仍然顯示制度上的不足，且現有的資源和服務未能有效滿足她們的需求，而主流社會仍欠缺障礙意識。

整體來說，台灣社會依舊欠缺對女性障礙者的關注，主要集中在專業工作者和社工領域，一般社會大眾參與更少。這幾年下來，社會大眾對於障礙者的認知與態度正在逐步改變，但教育系統欠缺障礙平權教育，使許多人不知道如何與障礙者相處，這需要更多實際的互動經驗來改變。雖然有越來越多的真人圖書館等活動，可能有助於提高大眾對障礙者經驗的理解，但常常陷入「生命鬥士」勵志故事的框架中，只談了韌性與抗爭的能動性，而可能忽略了障礙者在困難環境中的實際需求，也因此不易看見結構性的問題。

偶爾可以看見一些專題報導和演講試都在圖提高障礙或交織性議題的能見度，但仍面臨受眾分眾化的挑戰。因此，我常常覺得，透過教學與下一代的台灣人對話是很必要的工作。學生群體作為未來倡議的力量，應該被鼓勵參與或投入障礙意識的教育與研究中，並利用國際人權公約作為工具來監督政府的政策實施。許多人一開始會很擔心制度上的限制（比如研究倫理審查）或不確定如何與障礙者相處，這時經驗傳承就顯得尤其重要了。

儘管性別平等與障礙人權在台灣都有一些進步，但政府在處理關於女性障礙者的交織性議題時仍然顯得零碎和不足。對於障礙者而言，性別和障礙的雙重身分，需要更系統性的政策和支持，而未來，我們需要更加重視障礙者的多元且複雜的需求，並推進相關制度與社會認知的實質改變，才可能真正實現對所有人都無障礙之平等與尊重。

國家圖書館出版品預行編目資料

隱性歧視：用人權實踐平等，消弭藏在生活、文化之下的性別歧視 / 法律白話文運動著作. -- 初版. -- 臺北市：麥田出版，城邦文化事業股份有限公司出版：英屬蓋曼群島商家庭傳媒股份有限公司城邦分公司發行, 2025.01
面；　公分. -- (麥田人文；38)
ISBN 978-626-310-803-5 (平裝)
1. CST: 性別歧視　2. CST: 性別平等　3. CST: 女權
544.52　　113016960

麥田人文 38

隱性歧視

用人權實踐平等，消弭藏在生活、文化之下的性別歧視

作　　者　法律白話文運動
編　　者　李柏翰　陳冠瑋
責任編輯　陳佩吟
校　　對　徐書磊　李柏翰　陳冠瑋

版　　權　吳玲緯　楊　靜
行　　銷　闕志勳　吳宇軒　余一霞
業　　務　李再星　李振東　陳美燕
副總編輯　林秀梅
編輯總監　劉麗真
事業群總經理　謝至平
發 行 人　何飛鵬
出　　版　麥田出版
城邦文化事業股份有限公司
台北市南港區昆陽街16號4樓
電話：886-2-25007696　傳真：886-2-2500-1951
發　　行　英屬蓋曼群島商家庭傳媒股份有限公司城邦分公司
台北市南港區昆陽街16號8樓
客服專線：02-25007718；25007719
24小時傳真專線：02-25001990；25001991
服務時間：週一至週五上午09:30-12:00；下午13:30-17:00
劃撥帳號：19863813　戶名：書虫股份有限公司
讀者服務信箱：service@readingclub.com.tw
城邦網址：http://www.cite.com.tw
麥田部落格：http://ryefield.pixnet.net/blog
麥田出版Facebook：https://www.facebook.com/RyeField.Cite/
香港發行所　城邦（香港）出版集團有限公司
香港九龍九龍城土瓜灣道86號順聯工業大廈6樓A室
電話：852-25086231　傳真：852-25789337
電子信箱：hkcite@biznetvigator.com
馬新發行所　城邦（馬新）出版集團
Cite（M）Sdn. Bhd.（458372U）
41, Jalan Radin Anum, Bandar Baru Seri Petaling,
57000 Kuala Lumpur, Malaysia.
電話：+6(03)-90563833　傳真：+6(03)-90576622
電子信箱：services@cite.my
封面設計　林晏竹
電腦排版　宸遠彩藝工作室
印　　刷　沐春行銷創意有限公司
初版一刷　2025年1月2日

定價／450元
ISBN 978-626-310-803-5
9786263107984 (EPUB)